D1664968

Diplomica Verlag

Michael Kaschura

Best Ager im Kino

Studie über das Kinoverhalten
der Generation 50 plus

Kaschura, Michael: Best Ager im Kino. Studie über das Kinoverhalten
der Generation 50 plus, Hamburg, Diplomica Verlag GmbH

Umschlaggestaltung: Diplomica Verlag GmbH, Hamburg

ISBN: 978-3-8366-6210-9

© Diplomica Verlag GmbH, Hamburg 2008

Bibliographische Information der Deutschen Bibliothek

Die Deutsche Bibliothek verzeichnet diese Publikation in der
Deutschen Nationalbibliografie; detaillierte bibliografische
Daten sind im Internet über http://dnb.ddb.de abrufbar.

Inhaltsverzeichnis

Anhangsverzeichnis

Abbildungsverzeichnis

Tabellenverzeichnis

Abkürzungsverzeichnis

DVD	Digital Versatile Disc
e.V.	eingetragener Verein
GfK	Gesellschaft für Konsumforschung
POS	Point of Sale
PR	Public Relations

Wörterbuch

Blockbuster	Kassenschlager (besonders erfolgreicher Film)
Boom	Hochkonjunktur
Me-too-Produkt	Imitation eines Originalproduktes
Merchandising	Absatzförderung; hier: lizenzierte Artikel zum Film
Page Impressions	Seitenabrufe
Public Relations	Öffentlichkeitsarbeit
Remake	Neuverfilmung
Surround-Sound	Raumklang
Soundtrack	Film-Musik auf CD
Testimonial	prominenter Fürsprecher eines Produktes in der Werbung
Visits	Besuche

1. Einführung

1.1 Vorstellung des Autors

Name: Michael Kaschura

Jahrgang: 1978

Hochschule: Fachhochschule Darmstadt

Fachbereich: Wirtschaft

Studiengang: Betriebswirtschaftslehre

Studienschwerpunkte: Marketing und Rechnungswesen/Finanzierung/Controlling

Nach dem Abitur im Jahr 1998 am Gymnasium Gernsheim absolvierte der Autor seinen Zivildienst in der Stiftung Soziale Gemeinschaft in Riedstadt. Nach Beendigung dieser Tätigkeit und einem Praktikum bei der Philipp Holzmann AG begann er zum Wintersemester 1999/2000 das Studium an der FH Darmstadt im Fachbereich Bauingenieurwesen. Durch eine studentische Nebentätigkeit in einem Multiplex-Kino, fand er Gefallen an betriebswirtschaftlichen Aufgaben und wechselte im Sommersemester 2002 zum Studiengang Betriebswirtschaftslehre.

Im Rahmen der Nebentätigkeit als Betriebsleitungsassistent des CinemaxX Darmstadt war er neben operativen Aufgaben im regulären Tagesablauf für den Bereich Marketing verantwortlich.

Nach dem betriebspraktischen Semester im WS 2005/06 bei der Premiere GmbH & Co. KG in Unterföhring konnte er 2006 als Volontär im Berufsfeld „Promotion / Publicity Manager" bei S&L MediaNetworX GmbH wertvolle Erfahrungen in den Bereichen Kino und Marketing in der Filmbranche sammeln. Dies vertiefte sich im Weiteren als Außendienstmitarbeiter im Jahr 2007 bei S&L MediaNetworX GmbH im lokalen Kinomarketing. Aktuell ist er im Projektmanagement bei S&L MediaNetworX GmbH im Bereich Lokales Kinomarketing angestellt.

1.2 Abstract

Zu Beginn der 1990er Jahre erlebte das Kino eine explosionsartige Steigerung der Ticketverkäufe. Binnen kürzester Zeit wurden Kino-Komplexe gebaut und mit jeder großen Neuerung erlebte das Kino einen Aufschwung. Die Einführung von Ton, Farbe und Surround-Sound trugen dazu bei, das Medium Kino immer wieder attraktiv zu machen.

Insbesondere männliche Jugendliche im Alter von 14-29 Jahren sind seit Jahren die Kernzielgruppe des Kinos und trugen auch in hohem Maße zum Aufschwung der Kinobranche und dem Erfolg der Multiplex-Kinos bei. Vieles wurde in den 1990er-Jahren auf diese Zielgruppe ausgelegt, wie z.B. die Umgestaltung der Gastronomie-Bereiche im Kino. Die Gastronomie-Theken wurden physisch größer und die Materialien optisch kühler. Dadurch werden insbesondere Jugendliche angesprochen, da sich hier Parallelen zur Fast Food-Industrie aufzeigen. Dies spiegelt sich auch im Anstieg der Portionsgrößen in der Kino-Gastronomie wider. Aber auch zielgruppengerechte Filme und Film-Reihen waren an dem Erfolg beteiligt, denn der größte Teil der Produktionen richtet sich an ein eher jüngeres Publikum.

Seit der Einführung von Kinos gab es immer Hochs und Tiefs, die zeitweilig auch längere Phasen ausmachten. Doch konnte das Kino bisher immer wieder mit solchen Neuerungen aufwarten, die dieses Medium für den Kinogänger attraktiv machten.

Die letzten Jahre entwickelten sich für die Kinobranche zu einem Tief. Der Einbruch der Besucherzahlen ist immens und in der Kinobranche werden Stimmen laut, dass einmal mehr umgedacht werden müsse. Die ehemalige Kernzielgruppe geht heute nicht mehr so häufig ins Kino wie noch vor einigen Jahren. Sie ist zwar noch immer die größte Kundengruppe, aber sie schwindet immer mehr. Dieser Trend wird sich aufgrund des Alterns der Gesellschaft voraussichtlich auch nicht ändern.

Bei Recherchen und Gesprächen mit Personen der Kinobranche hat sich herausgestellt, dass es zwei Zielgruppen gibt, die für die Zukunft des Kinos besonders wichtig sind. Zum einen sind dies männliche Jugendliche im Alter von 14-29 Jahren (insbesondere im Alter von 14-19 Jahren) und zum anderen ist das die Generation 50 plus. Männliche Jugendliche erhielten in der Vergangenheit die meiste Aufmerksamkeit seitens der Branche. Angefangen bei der vermehrten Produktion von Filmen im Bereich Action und Science-Fiction mit vielen teuren Spezialeffekten, bis hin zum Bau und Ausstattung der Multiplexe – vieles wurde auf diese

Zielgruppe ausgerichtet. Genau diese Kernzielgruppe des Kinos, wie wir es heute kennen, schwindet allmählich.

Durch einen Besucheranstieg von Personen, die über 50 Jahre alt sind, ist auch diese Zielgruppe für die Branche sehr interessant geworden. Doch erkennt man erst jetzt das Potenzial dieser Zielgruppe und hat noch nicht genügend Informationen über sie. Man stellt sich u.a. die Frage, ob sich diese Zielgruppe in den Multiplex-Kinos wohl fühlt und ob diese futuristische Form des Kinos noch immer zeitgemäß ist, wenn vielleicht diese Zielgruppe einmal die größte Kundengruppe des Kinos darstellt.

Eine Internet-Befragung soll das Interesse der Generation 50 plus am Kino eruieren und auch aufzeigen, mit welchen Maßnahmen ein Kino auf lokaler Basis dazu beitragen kann, das Kinoerlebnis noch attraktiver zu gestalten und an den Wünschen der „erfahrenen" Kinobesucher auszurichten.

Diese Studie soll helfen, die Vorlieben und Interessen sowie mögliche Ansätze zu erkennen und die vielleicht zukünftig wichtigste Zielgruppe des Kinos verstärkt anzusprechen: die wachsende Zielgruppe 50 plus.

2. Lokales Kino-Marketing

2.1 Einführung

Um „lokales Kino-Marketing" näher beschreiben zu können, muss zunächst einmal der Begriff „lokales Marketing" definiert werden, der sich wiederum aus den Grundlagen des „Marketing" ableitet.

Seit dem Jahre 1905 existiert der Begriff „Marketing" und wird seither vorwiegend in den Büchern der Betriebswirtschaftslehre verwendet.[1] Doch so groß die Anzahl der Bücher ist, die sich mit dem Thema „Marketing" beschäftigen, so groß ist auch die Anzahl der Definitionen des Schlüsselwortes „Marketing". Anhand einer ausgewählten Definition sollen die Ableitungen der Begriffe „lokales Marketing" und „lokales Kino-Marketing" im Folgenden näher erläutert werden.

2.2 Marketing

Für die Definition des Begriffes Marketing sind folgende Punkte charakteristisch, die kurz allgemein vorgestellt werden, um zunächst die definitorischen Grundlagen für die weitere Betrachtung zu schaffen:[2]

- Es handelt sich um eine Konzeption der Unternehmensführung.
- Dabei sollen hochrangige Unternehmens- und Marketingziele verwirklicht werden (wie z.B. Gewinn-, Umsatz-, Marktanteils-, Image- und Kosten-senkungsziele).
- Alle betrieblichen Aktivitäten werden darauf ausgerichtet (wie z.B. Beschaffung, Produktion, Absatz, Investition, Finanzierung und Personal-führung).
- Auf die gegenwärtigen und zukünftigen Erfordernisse werden alle betrieblichen Aktivitäten der Märkte abgestimmt (z.B. anhand von Situationsanalysen und Progno-sen).
- Beobachtung der Entwicklungen der Märkte (Marktpartner in Form von Konsumen-ten, Absatzmittlern und Wettbewerber) und Ausrichtung aller betrieblichen Aktivitäten darauf.

Diese Definition wurde ausgewählt, da sie den handlungsweisenden Charakter erkennen lässt, der auch beim lokalen Marketing Anwendung findet.

---

[1] Vgl. Hesse, J. et al, 1997, S. 11.
[2] Vgl. zu diesen und den folgenden Ausführungen Hesse, J. et al, 1997, S. 14.

2.3 Lokales Marketing

Das lokale Marketing baut auf den gleichen Grundlagen wie das allgemeine Marketing auf – mit dem Unterschied, dass es auf regional eingegrenzter Ebene betrieben wird. Alle Marketingaktivitäten werden auf lokale Märkte wie Städte, Landkreise und Regionen ausgelegt und nicht auf einen überregionalen Markt.

Aufgrund der bereits vorgenommenen Segmentierung des Marktes nach geographischen Kriterien ist dieser kleiner, und dadurch kann die spezifische Zielgruppe direkter angesprochen werden. Bei dieser Form ist die zielgenaue Ansprache des Umworbenen noch wichtiger.

Mit einem Produkt wie beispielsweise Apfelwein kann außerhalb des Bundeslandes Hessen, aufgrund regionaler Diskrepanzen, normalerweise weniger Profit erwirtschaftet werden als in der Anbauregion selbst. Diese Region ist hier gleichzeitig der größte Absatzmarkt. Ebenso verhält es sich beispielsweise mit Weißbier. Im Bundesland Bayern nicht aus den Gaststätten wegzudenken, ist es in anderen Bundesländern weitaus seltener auf der Getränkekarte zu finden.

Viele Produkte sind regionaler Natur und können oftmals auch nur schwer über ihren Markt hinaus neue Kunden ansprechen, da sie mit lokalen Besonderheiten verbunden sind. In diesem Fall ist es sinnvoll, die regionale Bekanntheit des Produktes und die eigene lokale Kompetenz als Wettbewerbsvorteil zu nutzen und seinen Absatz in der Region zu intensivieren.

Lokales Marketing beinhaltet auch Public Relations und Werbung auf lokaler Ebene. Die Ansprache regionaler Medien (Fernsehen, Radio, Zeitung) ist beim lokalen Marketing ein wichtiger Punkt. Das Unternehmen hat hierbei die Möglichkeit sich selbst und seine Aktivitäten so zu präsentieren, dass eine kleinere Zielgruppe als bei überregionalen Marketingaktivitäten (z.B. Schaltung eines Werbespots bei einem großen, überregionalen TV-Sender) intensiver angesprochen wird, wenn das Produkt oder die Dienstleistung eher auf regionaler Ebene angeboten wird.

2.4 Lokales Kino-Marketing

Überträgt man die genannten lokalen Aspekte des Marketing auf die Kinobranche, spricht man vom lokalen Kino-Marketing. Die Kinos der Region, ihre Filme und die Aktionen, die in der Region durchgeführt werden, stehen hier im Vordergrund.

Dabei handelt es sich i.d.R. nicht um Aktionen, die vom Filmverleih oder den PR-Agenturen ins Leben gerufen werden. Diese sind für bundesweite Aktionen am Point of Sale mit großen Handelspartnern, Werbeschaltungen in den zielgruppengerechten Medien und Disponierung der Filme in den Kinos zuständig.

In Eigenregie vom Kinoleiter und seinem Team werden oftmals lokale zielgruppengerechte Aktionen durchgeführt, um das Interesse der potenziellen Kinogäste noch zu stärken. Wo vor einigen Jahren häufig noch die finanzielle Unterstützung seitens Filmverleihs gefehlt hat, ist diese heute meist gegeben, da zunehmend festgestellt wird, dass auch vor Ort im Kino in das lokale Marketing investiert werden muss. Der Aufbau regionaler Netzwerke ist besonders wichtig, damit das Kino ein unverzichtbarer kultureller Bestandteil der Szene einer Stadt ist und in welchem auch zusätzliche Aktionen und Veranstaltungen stattfinden, die die Kinogäste begeistern sollen und so das Kino durch individuelle Aktionen neben dem eigentlichen Filmgeschäft an Profil gewinnt.[3]

Zumeist richten sich solche Veranstaltungen und Aktionen an ein jüngeres Kinopublikum, doch werden im Folgenden auch diverse Aktionen für ältere Kinogänger vorgestellt. Lokale Ereignisse sind für die über 50-Jährigen im Allgemeinen von hoher Wichtigkeit. Eine Umfrage ergab, dass 53 % der 50 – 64-Jährigen und 56 % der über 65-Jährigen angaben, dass sie sich sehr für lokale Ereignisse interessieren (Bundesdurchschnitt: 46 %).[4]

Hier stellt sich die Frage, wie offen dieses Segment für das Medium Kino und dortige Aktionen ist, was im Folgenden näher untersucht werden soll.

---

[3] Vgl. o.V. [1], 2005, http://www.mediabiz.de/newsvoll.afp?Nnr=174165&Biz=cinebiz, o. S.

[4] Vgl. o.V. [2], 2006, S. 6.

3. Die deutsche Kinolandschaft

3.1 Zahlen und Fakten

Die Filmförderungsanstalt Berlin veröffentlicht jährlich die wichtigsten Kinozahlen, wie u.a. Kinobesucher, Kinoumsatz und Kinosäle. Die Zahlen zeigen, dass die Deutschen in den letzen Jahren seltener ins Kino gegangen sind. Seit dem Boom im Jahr 2001 (mit 177,9 Millionen Kinobesuchern und einem Umsatz von 987,2 Millionen €) sind die Zahlen fast kontinuierlich gesunken und lagen im Jahr 2005 mit 127,3 Millionen Kinobesuchern und einem Umsatz von 745 Millionen € fast auf dem Stand von 1996.[5] Damals wurden 132,9 Millionen Kinotickets verkauft und ein Kinoumsatz von 672 Millionen € erwirtschaftet.[6]

	2005	2004	2003	2002	2001	...	1996
Kinobesucher (in Mio.)	127,3	156,7	149,0	163,9	177,9		132,9
Kinoumsatz (in Mio. €)	745,0	892,9	850,0	960,1	987,2		672,0
Kinosäle/Leinwände	4.889	4.870	4.868	4.868	4.792		4.070
Ø-Eintrittspreis (in €)	5,85	5,70	5,70	5,86	5,55		5,06
Kinobesuch pro Einwohner	1,54	1,90	1,81	1,99	2,16		1,62

Tab. 1: Kino-Daten 1996 bis 2005[7]

Im Vergleich zu 2004 wurden im Jahr 2005 fast 30 Millionen Kinotickets weniger gelöst. Der gesamtdeutsche Besucherrückgang von 18,8 % setzt sich aus einem Rückgang von 17,9 % in den alten Bundesländern und 23,3 % in den neuen Bundesländern zusammen. Dieser Zuschauerrückgang führt dazu, dass der durchschnittliche Kinobesuch pro Kopf in Deutschland im Jahr 2005 auf 1,54 gesunken ist. Im Jahr 2004 lag dieser noch bei 1,90. Der durchschnittliche Eintrittspreis von 5,70 € im Jahr 2004 ist auf 5,85 € im Jahr 2005 gestiegen. Ebenfalls gestiegen ist die Anzahl der Kinoleinwände, die im Jahr 1996 noch bei 4070

---

[5] Vgl. Steiger, T. [a], 2006, S. 20.

[6] Vgl. o.V. [3], o.J., http://www.filmfoerderungsanstalt.de/downloads/marktdaten
/1_Fuenf_Jahre_Blick/96bis01_jahresabschluss.pdf, S. 1.

[7] Eigene Erstellung mit Hilfe der Daten der Filmförderungsanstalt Berlin. Vgl. o.V. [3], o.J., S. 1 und Vgl. o.V. [4], o.J., S. 1.

Kinoleinwänden in Deutschland lag.[8] Während im Jahr 2001 bereits auf 4.792 Kinoleinwänden Filme gezeigt wurden, sind im Jahr 2005 bereits 4.889 Kinoleinwände bespielt worden.[9]
In den USA kostete ein Kinoticket 2005 im Durchschnitt 6,41 US-$ (entsprach im Jahr 2005
umgerechnet ca. 5,39 €). Die Anzahl der Uraufführungen stieg von 528 im Jahr 2004 auf 563
im Jahr 2005 an.[10] In Deutschland lag der Wert im Jahr 2005 bei 447 Uraufführungen.[11]

3.2 Kino in der Krise

Es gibt viele Gründe für die aktuelle Krise in der deutschen Kinobranche. Neben der
allgemeinen Konsumzurückhaltung in Deutschland ist das Schwinden der Kernzielgruppe,
junge Männer im Alter von 14-29, ein Hauptgrund für die geringeren Gesamtbesucherzahlen
und damit auch die sinkenden Gesamtumsätze der Vergangenheit. In der ersten Hälfte der
1990er-Jahre machte diese Zielgruppe noch 46 % der Gesamtbesucher des Kinos aus. Heute
sind es nur noch ca. 28 %.[12] Gründe hierfür sind u.a. mobile Kommunikation und andere
multimediale Freizeitaktivitäten der Jugendlichen die zu Lasten des Kinos gehen, wie z.B.
Computerspiele, Spielekonsolen oder auch die DVD mit ihrem Heimkino-Charakter. Diese
Abwendung des jüngeren Kinopublikums hin zu Aktivitäten, die in den eigenen vier Wänden
stattfinden können, resultiert zumeist aus dem weniger attraktiven Filmangebot.[13] Wenig
wirkliche Film-Neuheiten werden produziert und viele Filme mit dem Charakter eines Me-
too-Produktes[14] werden immer öfter auf den Markt gebracht - so wie z.B. die große Anzahl an
US-amerikanischen Action-Filmen (eines der Lieblingsgenres der ehemaligen Kernzielgruppe). Viele Autoren, die sich mit der Thematik befassen, weisen darauf hin, dass die
Produktionsfirmen weiterhin hauptsächlich Filme der Genres Action, Science-Fiction und
Horror sowie viele Remakes produzieren, die aber heute die Jüngeren zwischen 14-29 nicht
mehr in dem Maße interessieren wie früher. Insbesondere der deutsche Film war nach Jahren
der Produktion von Filmen, die sich als wahre Blockbuster herausgestellt haben, in der letzten

---

[8] Vgl. o.V. [3], o.J., http://www.filmfoerderungsanstalt.de/downloads/marktdaten
/1_Fuenf_Jahre_Blick/96bis01_jahresabschluss.pdf, S. 1.

[9] Vgl. Steiger, T. [a], 2006, S. 20.

[10] Vgl. Zimmermann, S., 2006, S. 24 f.

[11] Vgl. Steiger, T. [a], 2006, S. 20.

[12] Vgl. o.V. [5], 2006, S. 18.

[13] Vgl. Stadik, M., 2006, o.S.

[14] Bei einem Me-too-Produkt handelt es sich um die Nachahmung eines Produktes, das kurz nach dem Erfolg des
Originals auf den Markt kommt. Dieses kann durch geringere Entwicklungskosten und reduziertes Vermark-
tungsrisiko häufig günstiger als das Original angeboten werden. Vgl. o.V. [6], 2005,
www.handelswissen.de/data/handelslexikon/buchstabe_m/Me-Too-Produkt.php, o.S.

Zeit nicht in der Lage den Geschmack des Publikums zu treffen. Während es im Jahr 2004 noch 36,7 Millionen Besucher deutscher Filme gab, lag diese Zahl im Jahr 2005 nur noch bei 21,5 Millionen.[15]

Früher liefen die Filme über einen längeren Zeitraum in den Kinos und konnten sich teilweise erst durch Mundpropaganda im Laufe der Zeit entwickeln und somit gute Besucherzahlen über einen längeren Zeitraum erzielen. Heutzutage gehen die Kinogänger nur noch in die Top-Filme und dies auch nur an den Startwochenenden.[16] Die Top-Filme sind hierbei nicht unbedingt die „besten" Filme im Sinne des gehobenen Filmanspruchs, sondern oftmals Mainstream-Kino, das in der Presse im Vorfeld durch Promotion-Maßnahmen den meisten Zuspruch erhalten hat. In den USA beträgt der Anteil der Marketingkosten oftmals ein Drittel der Gesamtkosten des Studiofilms.[17] Viele Filme können sich heutzutage somit gar nicht im Kino entwickeln und erweisen sich erst auf DVD als erfolgreich. Dies ist insbesondere ein Problem für Kinogänger, die zwar gerne ins Kino gehen, aber nicht so detailliert über die wöchentlichen Kinostarts informiert sind. Dadurch laufen Filme manchmal schon gar nicht mehr im Kino, wenn man sich entschließt, diese zu sehen. Der Hauptgrund für die wöchentlichen Wechsel im Kinoprogramm liegt in einem wahren Überangebot an Filmen. Da im Jahre 2005 bereits 447 Filme in den deutschen Kinos uraufgeführt wurden ist es unmöglich jedem Film die nötige Aufmerksamkeit zu widmen, bzw. die Kinosäle zu lange mit den gleichen Filmen zu bespielen, wenn im Jahresdurchschnitt acht bis neun neue Kinofilme pro Woche veröffentlicht werden.

Ein weiterer Grund für den Rückgang der Kino-Besucherzahlen ist auch die Verkürzung des Auswertungsfensters vom Kinostart bis zum DVD-Start. Dieses Zeitfenster betrug im Jahre 2004 noch oftmals sechs bis acht Monate, wie sich in der Aufstellung des HDF Kino e.V. (Hauptverband Deutscher Filmtheater Kino e.V.) erkennen lässt. Mittlerweile ist dieses Zeitfenster so verkürzt, dass Filme zum Teil bereits nach vier Monaten auf DVD zum Kauf in den Geschäften angeboten werden.[18]

---

[15] Vgl. Steiger, T. [a], 2006, S. 20.

[16] Vgl. Höcherl, U. et al, 2006, S. 20 f.

[17] Vgl. Zimmermann, S., 2006, S. 25.

[18] Vgl. o.V. [7], o.J., http://www.hdf-kino.de/download/Auswertungsfenster_gesamt.pdf, S. 1 ff.

3.3 Die Veränderungen der Kinolandschaft

Die deutschlandweite Kampagne „Kino. Dafür werden Filme gemacht" wurde 2006 von einem Zusammenschluss der Kinoverbände und des Verleiherverbandes ins Leben gerufen.[19] Kulturelle Vielfalt und emotionale Momente eines Kinobesuches werden hier in den Vordergrund gestellt und sollen verdeutlichen, was die Besonderheiten des Kinos sind. Mit Hilfe umfangreicher Maßnahmen wie z.B. digitaler Technik und mehr Kultur im Kino wird diese Initiative unterstützt.[20]

Der Vormarsch der digitalen Technik in die Projektionsräume der Kinos wird eine der größten Veränderungen der heutigen Zeit für die Kinolandschaft mit sich bringen. Dieses sog. „D-Cinema" steht für die vollständige Digitalisierung der gesamten Herstellungskette eines Kinofilms – von der Produktion bis zur Wiedergabe.[21] Durch diesen zukunftsweisenden Schritt und die Umstellung der technischen Einrichtungen kommen zunächst auch große Kosten auf die Kinos zu.

Kosten, die trotz fehlender Einnahmen, auch aufgrund einer hohen Filmpiraterie, getragen werden müssen.[22] Auch wenn immer härter gegen Filmpiraterie vorgegangen wird, wird dieses Problem weiterhin dazu beitragen, dass es Menschen gibt, die es vorziehen, sich diese illegal besorgten Filme zu Hause anzusehen und nicht im Kino.

Das gleiche Problem bringt, aufgrund kostengünstiger Heimkinoanlagen, eine fortschreitende Umschichtung des Marktes hin zur DVD mit sich. Die Qualität des Heimkinos wird immer besser, die Preise der Anlagen immer günstiger und auch der sinkende Durchschnittspreis der DVDs wird dazu beitragen, dass sich mehr Menschen Heimkinoanlagen einrichten und dadurch entsprechend seltener ins Kino gehen. Nach den ersten drei Quartalen des Jahres 2006 ist der durchschnittliche Preis einer DVD auf 12,55 Euro zurückgegangen. Im Vergleichszeitraum 2005 lag der durchschnittliche Preis für eine DVD noch bei 13,00 Euro.[23]

Im Rahmen der „Motivationsstudie Kino" der Filmförderungsanstalt Berlin hat sich herausgestellt, dass bereits heute 38 % der Befragten angaben, dass sie bereits bewusst auf

---

[19] Vgl. o.V. [8], 2006, http://kino-hdf.com/download/PR%202006-03-30%20Kampagnentext.pdf, S. 1 ff.

[20] Vgl. o.V. [9], 2006, http://kino-hdf.com/download/PR%202006-03-30%20Massnahmen.pdf, S. 1.

[21] Vgl. o.V. [10], o.J., http://www.ffa.de/start/content.phtml?page=sdk2006_faq&question=0#answer, o. S.

[22] Der durch Filmpiraterie entstandene Schaden wird allein in Deutschland auf 350 Mio. Euro im Jahr geschätzt. Vgl. Gillig-Degrave, M., 2006, S. 28 f.

[23] Vgl. o.V. [11], 2006, http://www.bvv-medien.de/aktuell.html, o. S.

den Kinobesuch eines aktuellen Filmes verzichtet haben, um ihn später auf DVD oder Video zu sehen.[24]

Aufgrund einer Verkürzung zwischen Kinostart und Filmveröffentlichung auf DVD auf unter sechs Monate würden 25 % nicht ins Kino gehen und auf die Veröffentlichung auf DVD warten. 60 % würden dies vom Film abhängig machen und nur 14 % gaben an, dass sie sich den Film trotzdem noch im Kino ansehen würden.[25]

Der Film „Deutschland – Ein Sommermärchen" wurde bereits acht Wochen nach dem Kinostart (5. Oktober 2006) am 6. Dezember 2006 im Fernsehen gezeigt. Der Fußball-WM-Film von Sönke Wortmann konnte trotzdem die Kinogänger dazu bewegen, sich diesen Film auf der Kinoleinwand anzusehen. Allerdings soll es sich bei dieser besonders kurzen Zeitspanne von nur zwei Monaten zwischen Kinostart und TV-Ausstrahlung um eine Ausnahme handeln.[26] Die Veröffentlichung auf DVD ist erst nach der Ausstrahlung im Fernsehen für Februar 2007 geplant und auch wird der Film dann zum legalen Download per „Video on Demand" erhältlich sein. Zukünftig soll dem Zuschauer zu Hause sogar ermöglicht werden, dass die legal herunter geladenen Filme auf DVD gebrannt werden können. Diese sind dann im herkömmlichen DVD-Player abspielbar und müssen nicht zwangsläufig nur am Computer angesehen werden.

Durch die Digitalisierung des Kinofilms und die digitale Verbreitung der Filme wird sich aber auch die Kinolandschaft grundlegend verändern. Auf Produktionsseite wird vor allem die Ästhetik der Kinofilme zukünftig durch die Digitalisierung verändert werden und dem Zuschauer insbesondere neue visuelle Höhepunkte liefern können. Auf Vertriebsseite kann durch die digitale Verbreitung von Kinofilmen viel genauer auf die Bedürfnisse einzelner Besuchergruppen eingegangen werden. Auch die Schaltung von Kinowerbung wird effizienter und kann zielgruppenspezifisch eingesetzt werden. Während im Fernsehen bei der Schaltung von Werbespots auf Zielgruppe und Uhrzeit eingegangen werden kann, ist es momentan im Kino meist ausschließlich möglich einen Werbespot nur vor einem bestimmten Film für eine komplette Spielwoche zu schalten ohne Rücksichtnahme auf Uhrzeit, Tag und Zielgruppe, die sich von Vorstellung zu Vorstellung ändern kann.

---

[24] Vgl. o.V. [12], 2006, http://www.filmfoerderungsanstalt.de/downloads/publikationen/ motivationsstudie_kino.pdf, S. 29.

[25] Vgl. o.V. [12], 2006, http://www.filmfoerderungsanstalt.de/downloads/publikationen/ motivationsstudie_kino.pdf, S. 30.

[26] Vgl. Schuster, B., 2006, S. 4.

Somit wird die Digitalisierung sicherlich auch dazu beitragen, die jüngere Zielgruppe mit digitalen Inhalten aus anderen Bereichen (z.B. TV-Serien im Kino, Sportveranstaltungen und Computerspiele auf der Kinoleinwand) wieder verstärkt in die Kinos zu locken und dass sich die Kinobranche auch auf eine zukünftig ältere Zielgruppe einstellen kann.[27]

---

[27] Vgl. Gillig-Degrave, M., 2006, S. 28 f.

4. Demographischer Wandel in Deutschland

4.1 Demographie und Bevölkerung

Das Wort „Demographie" entstammt der griechischen Sprache und bedeutet „Volk beschreiben". Demographie veranschaulicht mit Zahlen und Kennziffern, wie sich die Bevölkerungszahl und ihre Strukturen durch demographische Verhaltensmuster bzw. Ereignisse verändern. Als wichtige Strukturdaten sind u.a. Alter, Geschlecht, Familienstand, Lebensform, Nationalität und Kinderanzahl zu nennen.

Veränderungen treten z.B. durch Geburten von Kindern, regionale Veränderungen des Wohnsitzes, Todesfälle, Hochzeiten und Scheidungen auf.[28] Mit Hilfe der Erhebung der genannten Daten können Auskünfte über Geburten- und Sterberaten, Altersaufbau einer Gesellschaft oder räumliche Verteilungen gegeben werden. Diese dienen insbesondere dazu, Hinweise und Informationen über die zukünftige Entwicklung der Gesellschaft zu gewinnen.[29]

Der Begriff „Bevölkerung" hingegen bezeichnet „eine Gesamtheit von Menschen, die u.a. aufgrund ihrer Staatsangehörigkeit, ihres Wohnsitzes oder ihres Arbeitsplatzes einem bestimmten Gebiet zuzuordnen sind."[30] Sowohl Größe als auch Struktur einer Bevölkerung sind u.a. abhängig von der Geburten-, Sterbe- und Migrationsrate.[31]

4.2 Bevölkerungsentwicklung in Deutschland

Die Anzahl der Sterbefälle in Deutschland übersteigt jährlich die Anzahl der Geburten. Aufgrund des kontinuierlichen Sterbefallüberschusses kommt es zu einem Rückgang der Bevölkerung. Somit würde die Bevölkerung Deutschlands kontinuierlich schrumpfen, wenn die Zuwanderungen nicht jährlich einen Überschuss ausweisen würden. Aufgrund dieser Zuwanderungszahlen ist die Bevölkerungsanzahl Deutschlands, trotz steigender Sterbefallüberschüsse, bis 2002 fast stetig angestiegen. Anhand der nachfolgenden Tabelle kann man erkennen, dass die Zuwanderungsrate seit 2003 den Sterbefallüberschuss nicht mehr kompensieren kann und es seitdem zu einer Bevölkerungsabnahme kommt.[32]

---

[28] Vgl. o.V. [13], 2004, S. 7.

[29] Vgl. Langen, K.M., et. al., 1998, S. 366.

[30] O.V. [14], o.J., http://www.bpb.de/popup/popup_lemmata.html?guid=X1DOEG, o.S.

[31] Vgl. Ebenda.

[32] Vgl. o.V. [15], 2006, http://www.destatis.de/download/d/bevoe/bevoelkerung_in_deutschland05.pdf, S. 1.

Zeitraum	Sterbefallüberschuß	Zuwanderungsüberschuß	Bevölkerungszunahme
1991	- 81 226	+ 602 523	+ 521 300
1992	- 76 329	+ 782 071	+ 700 100
1993	- 98 823	+ 462 096	+ 363 500
1994	- 115 058	+ 314 998	+ 200 500
1995	- 119 367	+ 397 935	+ 278 900
1996	- 86 830	+ 282 197	+ 194 700
1997	- 48 216	+ 93 664	+ 45 200
1998	- 67 348	+ 47 098	- 20 368
1999	- 75 586	+ 201 975	+ 126 464
2000	- 71 798	+ 167 120	+ 96 065
2001	- 94 066	+ 272 723	+ 180 769
2002	- 122 436	+ 219 288	+ 96 371
2003	- 147 225	+ 142 645	- 5 009
2004	- 112 649	+ 82 543	- 30 822
2005	- 144 432	+ 78 953	- 62 854

Abb. 1: Bevölkerungsentwicklung in Deutschland 1991 - 2005[33]

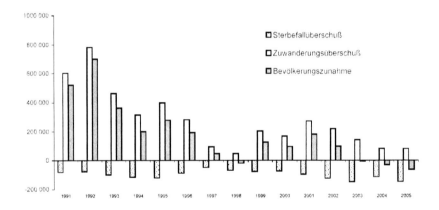

Abb. 2: Graphische Darstellung der Bevölkerungsentwicklung in Deutschland 1991 - 2005[34]

Weniger Neugeborene, weniger Zuwanderer, viele Sterbefälle und eine höhere Lebenserwartung werden dazu führen, dass sich dieser Trend voraussichtlich in den nächsten Jahren fortsetzen wird und die Bevölkerung älter wird.

---

[33] Quelle: O.V. [15], 2006, http://www.destatis.de/download/d/bevoe/bevoelkerung_
in_deutschland05.pdf, S. 1.

[34] Quelle: Ebenda.

4.3 Altersaufbau der Bevölkerung in Deutschland

Der Altersaufbau der Bevölkerung zeigt die Anzahl von Frauen und Männern getrennt nach einzelnen Lebensjahren von unter einem Jahr bis zum 95. Lebensjahr. Zur Veranschaulichung der Daten verwendet man in der Statistik eine graphische Darstellungsform, die als Alterspyramide beschrieben wird. Bei Betrachtungen der folgenden vier Alterspyramiden Deutschlands (Darstellung der Jahre: 1910, 1950, 2005, 2050) kann man erkennen, dass sich die Alterspyramide mit der Zeit auf den Kopf stellt. Im Jahre 1910 hat die Darstellung noch eine vollkommene Pyramide gezeigt. Eine hohe Geburtenrate, eine geringere Lebenserwartung und scheinbar keine Ereignisse, die schwerwiegend in das Gleichgewicht der Alterspyramide einschnitten, waren verantwortlich für dieses optimale Verteilungsbild einer Bevölkerung. Viele Nachkommen, eine sehr gute Verteilung von Frauen und Männern und auch wenig ältere Menschen, die im Alter versorgt werden mussten und für die der Staat Rentenzahlungen zu gewährleisten hat.

Aufgrund der hohen Verluste in den beiden Weltkriegen sind grobe Einschnitte in der Alterspyramide zu erkennen. Es wurden immer weniger Kinder geboren, es gibt immer mehr ältere Menschen, die im Alter gepflegt werden müssen und auch die Lebenserwartung steigt kontinuierlich an.

Der anhaltende Trend der Vergangenheit wurde bereits für das Jahr 2050 vorausberechnet. Die Geburtenrate nimmt voraussichtlich weiterhin ab, die Lebenserwartung steigt an und die Anzahl der Personen in den einzelnen Lebensjahren der Darstellung wird geringer.

Da der Anteil der älteren Menschen immer größer und die Anzahl der Kinder immer geringer wird, nimmt die Bevölkerung Deutschlands insgesamt drastisch ab.[35]

---

[35] Vgl. o.V. [13], 2004, S. 57 f.

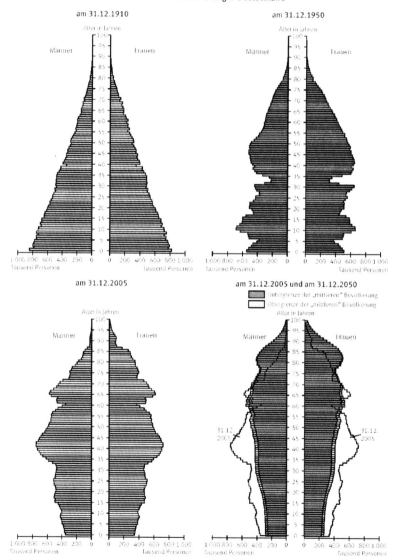

Abb. 3: Altersaufbau der Bevölkerung in Deutschland von 1910 bis 2050[36]

---

[36] Quelle: Radermacher, W., 2006, http://www.destatis.de/presse/deutsch/pk/2006/
Bevoelkerung-Statement_Radermacher.pdf, S. 10.

4.4 Altern der Bevölkerung Deutschlands

Die niedrige Geburtenrate und der Sterbefallüberschuss werden dazu führen, dass sich der Bevölkerungsaufbau weiterhin zu den älteren Jahrgängen verschiebt. Die Zahl der unter 20-Jährigen wird von aktuell 17 Millionen (21 % der Bevölkerung) auf voraussichtlich 12 Millionen (16 % der Bevölkerung) im Jahr 2050 zurückgehen.[37] Das Altern der Bevölkerung schreitet schnell voran. Die für die Alterssicherungssysteme und Pflegeleistungen wichtigen Größenverhältnisse zwischen jüngeren und älteren Generationen können nicht beibehalten werden. Die Bevölkerungsanteile zwischen den Generationen werden sich weiterhin deutlich verschieben.[38] Insbesondere ist zu bemerken, dass der Trend des Alterns der Bevölkerung zwar nicht nur in Deutschland festzustellen ist, Deutschland allerdings besonders schnell altert. Im Vergleich mit den USA ist deutlich zu erkennen, wie schnell die Deutschen in den kommenden zwei Jahrzehnten altern werden.

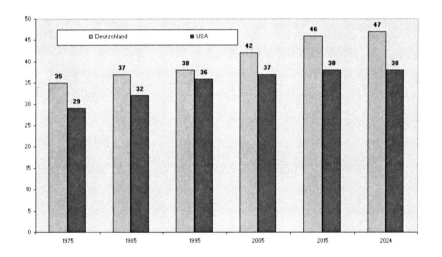

Abb. 4: Alterung in den USA und in Deutschland gemessen am Altersmedian[39]

---

[37] Vgl. o.V. [16], o.J., http://www.dia-vorsorge.de/downloads/df010204.pdf#search=%22Altersaufbau %20der%20Bev%C3%B6lkerung%20in%20Deutschland%20von%201910%20bis%202050%22, S. 1.

[38] Vgl. o.V. [13], 2004, S. 58 f.

[39] Quelle: O.V. [17], o.J., http://www.dia-vorsorge.de/df_010207.htm, o.S.

Die Alterung der deutschen und US-amerikanischen Bevölkerung wird hier gemessen am Altersmedian. Der Altersmedian ist der Mittelwert des Alters der Bevölkerung. In Deutschland stieg der Altersmedian von 35 Jahren im Jahr 1975 auf 42 Jahre im Jahr 2005 an. Im Vergleich hierzu stieg dieser Wert in den USA von 29 Jahren im Jahr 1975 auf 37 Jahre im Jahr 2005.

Die Prognosen für die Entwicklung bis ins Jahr 2024 setzen diesen Trend fort. Es wird damit gerechnet, dass im Jahr 2024 der Altersmedian in den USA bei 38 Jahren liegt. In Deutschland hingegen wird der Altersmedian vermutlich bei 47 Jahren liegen.

Das bedeutet, dass ab dem Jahr 2024 voraussichtlich die Hälfte aller Deutschen über 47 Jahre alt sein wird. Damit würde schon nahezu jeder Zweite in die Kategorie der über 50-Jährigen fallen, worauf sich auch die Kinobetreiber einstellen müssen.[40]

---

[40] Vgl. o.V. [17], o.J., http://www.dia-vorsorge.de/df_010207.htm, o.S.

5. Die Generation 50 plus

5.1 Die neue Zielgruppe

Ausgehend von den Erkenntnissen über den demographischen Wandel in der deutschen Bevölkerungsstruktur wird im folgenden Kapitel die Generation der über 50-Jährigen näher betrachtet.

Für sie gibt es in der Literatur viele Bezeichnungen wie Perfect Ager, Master Consumers, Silver Generation, junge Alte, Selpies (Second Life People) und viele mehr.[41] Der Verfasser hat sich für die Verwendung des Begriffs „Generation 50 plus" entschieden. Die Generation 50 plus ist mittlerweile präsenter denn je. Von den etwa 83 Millionen Einwohnern in Deutschland haben 30,6 Millionen, das entspricht ungefähr 37 %, das Alter von 50 Jahren überschritten. 19 % sind bereits älter als 65 Jahre. Der jährliche Überschuss an Sterbefällen gegenüber der Anzahl von Neugeborenen und die steigende Lebenserwartung der Menschen tragen dazu bei, dass die Gesamtbevölkerung schrumpft und auch die Alterspyramide weiterhin ihren tendenziellen Verlauf weiter vornimmt.[42]

Somit wird auch für viele Unternehmen, Banken und Dienstleistungsunternehmen diese Zielgruppe immer interessanter und man stellt sich auf die Situation ein, dass im Jahr 2050 voraussichtlich bereits über 50 % der Deutschen über 50 Jahre alt sein werden.[43]

5.2 Eine Generation im Wandel

Immer mehr Unternehmen entdecken das Potenzial dieser Zielgruppe und werben für Ihre Produkte und Dienstleistungen mit neuen zielgruppenspezifischen Merkmalen und Angeboten.

Unter anderem gibt es die „50plus Hotels", die mit dem Slogan „Ein Plus für erfahrene Reisende"[44] ihre Zielgruppe ansprechen. Ihren eigenen Studien zufolge sind einige Interessensgebiete für diese Generation besonders hervorzuheben, da sie von großer Bedeutung für die Orts- und Hotelwahl sind: Natur, Wellness und Kultur. Aber auch persönlicher Service, Kontaktmöglichkeiten zu anderen Hotelgästen und Komfort sind

---

[41] Vgl. Guillaume-Grabisch, B., 2003, http://www.medientage-muenchen.de/archiv /2003/guillaume-grabisch.pdf#search=%22%2250%20plus%22%20%22best%20 ager%22%20%22selpies%22%22, o.S.

[42] Vgl. o.V., [18], 2006, S. 4 f.

[43] Vgl. Müller, W., 2006, http://focus.msn.de/finanzen/news/50Plus, o.S.

[44] Zarges, S., 2006, http://www.50plushotels.de, o.S.

Punkte, die diese Generation besonders bei ihrer Auswahl berücksichtigt und die von den „50plus Hotels" auch in ihrem Angebot besonders betont werden.[45]

Auch die Kosmetik-Industrie bringt vermehrt Produkte auf den Markt, die die ältere Käuferschicht anspricht. Zur Unterstützung der Werbemaßnahmen werden hier auch reifere Testimonials eingesetzt. Um nur eines von vielen Beispielen aufzuführen, wird ein Produkt aus dem Kosmetikbereich von Schwarzkopf & Henkel angeführt, für das Senta Berger als Aushängeschild fungiert und die Vorzüge des Produktes für die reife Haut in einer Werbekampagne bewirbt.[46]

Weitere Dienstleistungen sind z.B. Sprachreisen für über 50-Jährige[47] oder auch Internet-Kurse, speziell für ältere Bürger[48]. Diese Kenntnisse können auch auf den zahlreichen Internet-Portalen dieser Generation 50 plus angewendet werden. Und selbst ohne den Besuch dieser Kurse scheinen sich die reiferen Bundesbürger bereits bestens im Internet auszukennen. Beispielsweise zeigt der Erfolg von www.feierabend.de - dem „Webtreff für die besten Jahre"[49], dass auch ältere Menschen Interesse an den Neuen Medien zeigen und den Kontakt zu Gleichgesinnten und Gleichaltrigen suchen.[50] Die Höhe der Angaben wird in den IVW-Daten der „Informationsgemeinschaft zur Feststellung der Verbreitung von Werbeträgern e.V." bestätigt. Alleine im Monat November 2006 wurden hier 263.729 Visits und 3.806.954 Page Impressions ausgewiesen.[51]

Der Trend geht hin zu einer hedonistischen Lebensweise und verfolgt nicht mehr den Trend der Vergangenheit, Verdienst und Rente zu sparen, um seinen Nachkommen ein möglichst hohes Erbe hinterlassen zu können. Gerade die Älteren entdecken, dass sie sich mehr leisten können, als die Generation vor ihnen das konnte und sie mehr Geld für Freizeitaktivitäten zur Verfügung haben. Während früher eher traditionelle Normen das Verhalten bestimmten, gelten diese heutzutage nicht mehr im gleichen Maß wie einst.[52] Früher standen Familie, Verzicht, Moral, Arbeit und Pflicht im Mittelpunkt. Heute sind diese Normen Selbstverwirk-

---

[45] Vgl. Zarges, S., 2006, http://www.50plushotels.de/pdf/Informationsmappe.pdf, S. 3 f.

[46] Vgl. o.V. [19], 2005, http://www.bbdo.de/de/home/news/2005/senta_berger_laechelt.html, o.S.

[47] Vgl. o.V. [20], o.J., http://www.sprachreisen50plus.de, o.S.

[48] Vgl. Kempf, U., 2006, http://www.50plus-ans-netz.de, o.S.

[49] O.V. [21], 2006, http://www.feierabend.de, o.S.

[50] Vgl. o.V. [22], 2006, http://www.feierabend.com/cgi-bin/channel/channel.pl?node_pk=2187, o.S.

[51] Vgl. o.V. [23], 2006, http://ivwonline.de/ausweisung2/search/ausweisung.php, o.S.

[52] Vgl. Naucke, C. et al, 2006, http://www.karstadtquelle-versicherungen.de/content /wuu/studie/index.html, o.S.

lichung, Freizeit und Vergnügen.[53] Teilweise wird in der Literatur sogar von Glorifizierungs-tendenzen gesprochen. Die Älteren würden dazu neigen die Zeit nach der beruflichen Lebensphase als Eintritt in eine neue Welt der Freiheit zu sehen, da das zurückliegende Arbeitsleben als so belastend und problematisch empfunden wird. Von den neuen Bedürfnissen könnte die Kinobranche sicherlich auch durch vermehrte Kinobesuche profitieren.[54]

Auch der Gesundheitszustand der Menschen im Allgemeinen hat sich in der Vergangenheit immer weiter verbessert, was dazu geführt hat, dass auch die Lebenserwartung gestiegen ist. Dies liegt womöglich zum einen in der besseren medizinischen Versorgung der heutigen Zeit, aber zum anderen auch in der Gelassenheit der heutigen älteren Generation. Nicht die Gewährleistung der Rentenzahlungen scheint vordergründig in den Köpfen zu stecken, sondern das Leben zu genießen und sich möglichst wenig Sorgen zu machen.

Ganz besonders spiegelt sich dies in der Befragung „Best Ager 2010 – Senioren am POS" in der Frage nach dem gefühlten Alter der Befragten wider. Auf die Frage „Ich fühle mich..." antworteten nur 5 % der Befragten „...älter, als ich bin", weitere 33 % „...so alt, wie ich bin" und der größte Anteil mit 63 % antwortete „...jünger, als ich bin".[55] Wahrscheinlich muss hier differenziert werden nach Personen Anfang 50 und denen, die z.B. bereits 90 sind und trotzdem bei einer Befragung „50 plus" in das Schema der über 50-Jährigen fallen. Die Mobilität und das Freizeitinteresse nehmen mit dem Alter meist ab. Aus diesen Gründen wird die Zielgruppe „50 plus" im Folgenden noch einmal differenzierter dargestellt.

5.3 Die Unterteilung der Generation 50 plus

Viele verschiedene Segmentierungsversuche der Generation 50 plus finden sich in der Literatur. Basierend auf Daten des Statistischen Bundesamtes wurde die Zielgruppe 50 plus in einem Diagramm in den drei Alters- und Lebensphasen Best Ager, Senioren und Hochaltrige dargestellt, welches aufgrund seiner guten Allgemeindarstellung hier vorgestellt werden soll.[56]

---

[53] Vgl. Kaupp, P., 1997, S. 38.

[54] Vgl. Opaschowski, H., 2000, S. 199.

[55] Vgl. o.V. [18], 2006, S. 6.

[56] Vgl. zu diesen und den folgenden Ausführungen o.V. [24], 2006, http://www.silverage. de/index.php?id=46, o.S.

Zum einen wurde die prognostizierte Bevölkerungsentwicklung des Zeitraumes 2005-2035 dargestellt, zum anderen das Verhältnis von typischen Produkt- und Dienstleistungsbündeln und das Risiko der Pflegebedürftigkeit.

Die folgende Segmentierung trifft nicht auf alle Einzelpersonen der Altersgruppen zu und die genannten Eigenschaften sind nur exemplarischer Natur. Eine Abgrenzung der Generation 50 plus wird hier in drei Alters- und Lebensphasen unterteilt und kann eine Schwankungsbreite von ungefähr fünf Jahren aufweisen.

- Best Ager (ca. 50 - 65 Jahre)

  In dieser letzten Phase des Erwerbslebens sind die Kinder bereits aus dem Haus und es sind die Enkel, die in der Familie umsorgt werden. Größere finanzielle Spielräume sind meist vorhanden und auch die Konsumfreudigkeit ist hoch. Das Denken ist berufsorientiert und auch der Lebensrhythmus wird von der beruflichen Tätigkeit bestimmt.

- Senioren (ca. 65 – 80 Jahre)

  Diese Phase wird meist eingeleitet durch den Übergang vom Erwerbsleben in den Ruhestand. Diese Umstellung ist oftmals sehr schwer, da die meisten Senioren einen Großteil ihres Lebens mit der Arbeit verbracht haben und diese Routine jetzt nicht mehr gegeben ist. Nach Umstellung auf diese neue Lebenssituation wird diese oftmals sehr intensiv gelebt und die neuen Annehmlichkeiten für neue Interessen oder zur Intensivierung derer genutzt. Insbesondere Reiseveranstalter profitieren von diesem Segment und ermöglichen der Zielgruppe an Reisen mit einer Reisegruppe teilzunehmen, wenn man selbst nicht mehr mobil genug ist, um z.B. selbst noch Auto fahren zu können. Auch im Kultur- und Bildungsbereich gibt es ein großes und gut genutztes Angebot für die Zielgruppe.

- Hochaltrige (ab ca. 80 Jahre)

  Bei diesem Segment steht oftmals die Pflegebedürftigkeit im Vordergrund. Die Nachfrage nach Produkten und Dienstleistungen um altersbedingten Einschränkungen entgegen wirken zu können nimmt zu. Ein Wechsel der Wohnform ist bei erhöter Pflegebedürftigkeit in Erwägung zu ziehen. Diverse Wohnformen wie betreutes Wohnen, Pflegeheime und Seniorenresidenzen sind Alternativen zum bisherigen Wohnstil.

Diese Segmentierung gibt einen Eindruck darüber, dass nicht oder nur sehr schwer von der einen „Generation 50 plus" gesprochen werden kann.

Bei den Best Agern ist der Anteil an dem Produkt- und Dienstleistungsbündel *Konsum, Lifestyle, Freizeit, Bildung und Reisen* im Vergleich zum anderen Produkt- und Dienstleistungsbündel *altersgerechtes Wohnen, Betreuung, Service und Pflege* ausgesprochen hoch. Das Interesse an Reisen und Fortbildung ist in diesem Segment vorrangig und das Interesse an Altersvorsorge und alternativen Wohnformen noch verhältnismäßig gering.

Für die weitere Betrachtung des vorliegenden Buches wird das Hauptmerkmal auf die Best Ager gelegt, auch wenn es genügend Senioren und Hochaltrige gibt, die noch immer gerne ins Kino gehen.

Durch den Imagewandel der Generation 50 plus ist diese Zielgruppe zu einer der Wichtigsten für die Wirtschaft geworden und wird von allen Seiten umworben. Aufgrund des hohen quantitativen Potenzials (2050 werden voraussichtlich bereits 50 % der Deutschen über 50 Jahre alt sein) und des großen wirtschaftlichen Potenzials (die Zielgruppe verfügt überwiegend über eine hohe Kaufkraft) wird diese Zielgruppe auch für die Kinobranche und die Werbung, mit Hilfe stärker auf die Zielgruppe ausgerichteten Werbekampagnen, immer interessanter und wichtiger.[57]

---

[57] Vgl. Giereth, T., 2006, S. 27 ff.

6. Die Generation 50 plus im Kino

6.1 Grundtypen und Aktivität

Bei der Generation 50 plus kann man nicht von der einen, homogenen Zielgruppe sprechen. Die TNS Infratest Holding GmbH & Co. KG hat in einer Studie herausgefunden, dass es vielmehr drei abgrenzbare Gruppen gibt.[58] Anhand der Daten dieser Studie wurden drei Grundtypen von Menschen ab 50 Jahren gebildet:[59]

- Passive Ältere:

  Mit einer eher innovertierten Grundhaltung ist diese Gruppe mit 37 % vertreten. Die Anzahl ihrer Freizeitaktivitäten ist geringer als in den anderen Gruppen und auch Medien wie Radio, Zeitschriften und Bücher werden unterdurchschnittlich genutzt. Im Gegensatz zu den anderen Gruppen verfügen sie meist über eine geringere Bildung und ein geringeres Haushaltsnettoeinkommen.

- Kulturell Aktive:

  Ihr Anteil beträgt 33 % am Segment der Generation 50 plus, wobei der Frauenanteil deutlich höher als in den anderen Gruppen ist. Insbesondere Theaterbesuche und das Lesen von Büchern, Zeitungen und Zeitschriften stehen im Vordergrund. Sie verfügen über einer starke kulturelle Orientierung und legen hohen Wert auf Familie und Religion.

- Erlebnisorientierte Aktive:

  Sie bilden die jüngste Altersgruppe innerhalb der über 50-Jährigen. Ihr Anteil liegt insgesamt bei 30 %, wobei der Männeranteil überwiegt. Zu ihren typischen Freizeitaktivitäten gehören u.a. auch Kino, Trendsportarten, das Surfen im Internet und das Spielen am PC.

---

[58] Vgl. o.V. [25], 2005, http://www.tns-infratest.com/02_business_solutions /semiometriedownload/Semiometrie_BestAger2005.pdf, S. 17 ff.

[59] Vgl. zu diesen und den folgenden Ausführungen Ernst, E., 2006, S. 68.

Für die kommenden Jahre wird prognostiziert, dass insbesondere der Anteil der erlebnisorientierten Aktiven sich, durch das Nachrücken der 40 – 49-Jährigen in das Segment der über 50-Jährigen, vergrößern wird.[60] Da sich die meisten Kinogänger im Segment der erlebnisorientierten Aktiven befinden, kann sich der Anteil der über 50-Jährigen im Kino erhöhen, insofern sie Film-Angebot und Service interessiert.

6.2 Veränderungen in den Kinos

Fraglich ist, ob z.B. die Innenausstattung der Multiplex-Kinos die neue Zielgruppe anspricht. Oftmals sind hier große Bauten aus Beton und Glas mit dem Charakter eines Abfertigungsfoyers und riesigen Gastronomie-Theken vorhanden. Die Umgestaltung dieser Kinos wird dazu beitragen können, dass sich die älteren Kinogänger wohler fühlen und eher das Ambiente eines Programmkinos in den Multiplex-Kinos Einzug hält.

Einige Multiplex-Kinos bieten mittlerweile spezielle Führungen an, um Hemmschwellen abzubauen und planen die Filmstarts so, dass sich ältere und jüngere Kinogänger nicht über den Weg laufen. Diverse Aktionen richten sich mittlerweile speziell an ein älteres Publikum und sind dabei überaus erfolgreich, wie z.B. die Veranstaltungsreihe „Kino & Vino" im Cineplex Bayreuth mit auf den im Anschluss an die Veranstaltung gezeigten Film thematisch abgestimmten Menüs und Weinverkostungen.[61]

6.3 Veränderungen in den Strukturen der Kinobesucher

Seit 1993 veröffentlicht die Filmförderungsanstalt Berlin Studien über die Struktur des Kinobesuches und die Entwicklung der Besucherzahlen. Diese stützt sich auf das Individualpanel der Gesellschaft für Konsumforschung (GfK). Dieses Panel umfasst 20.000 Teilnehmer und steht repräsentativ für die deutsche Bevölkerung. Diese Auswertung „Der Kinobesucher 2005 – Strukturen und Entwicklungen auf Basis des GfK-Panels" dient hier zur Bestimmung des Kinoverhaltens der Generation 50 plus und im weiteren Verlauf teilweise zum Vergleich der in der späteren Internet-Befragung erhobenen Daten.[62]

Anhand dieser Daten sieht man, dass das Alter der Kinobesucher im Zeitverlauf seit 1993 zugenommen hat. Während der Anteil der jüngeren Kinogänger (20 bis 29 Jahre) von 46 %

---

[60] Vgl. o.V. [25], 2005, http://www.tns-infratest.com/02_business_solutions /semiometriedownload/Semiometrie_BestAger2005.pdf, S. 36 ff.

[61] Vgl. Pfannenmüller, J., 2006, S. 52 f.

[62] Vgl. o.V. [5], 2006, S. 4 ff.

im Jahr 1993 auf 28 % im Jahr 2005 abgenommen hat, ist der Anteil der Besucher, die das Alter von 50 Jahren erreicht haben, von 9 % im Jahr 1993 auf 14 % im Jahr 2005 angestiegen.[63]

Im Vergleich gehen 12 % der über 50-Jährigen und 17 % der über 60-Jährigen alleine ins Kino, während nur 4 % der Kinobesucher von 20 bis 29 Jahre alleine ins Kino gehen.[64] Im Durchschnitt gehen 24,2 % der Gesamtkinobesucher alleine ins Kino. Bei den Programmkinos liegt der Anteil mit 29,4 % höher.[65]

Die Generation 50 plus stellt mit insgesamt 23,7 % einen Großteil der Besucher von Programmkinos dar. Der Anteil der über 60-Jährigen liegt hier bei 12,8 % und ist fast doppelt so hoch wie im Durchschnitt der Gesamtkinobesucher.[66] 14,2 % der Besucher von Programmkinos sind Rentner, 35,8 % Angestellte und 25,2 % Schüler/Studenten (die restlichen Prozente verteilen sich u.a. auf Beamte, Arbeiter, Hausfrauen).

Die wichtigsten Aufmerksamkeitsquellen unterscheiden sich teilweise sehr von denen des durchschnittlichen Gesamtkinobesuchers: Beim Programmkinobesucher sind dies *Filmvorschau/Trailer im Kino* (18,3 %), *Berichte, Kritiken in Zeitungen/Zeitschriften* (18,1 %), *Empfehlung von Freunden und Bekannten* (14,4 %) und *Werbung im Fernsehen* (10,7 %). Beim Gesamtkinobesucher sind dies: *Filmvorschau/Trailer im Kino* (24,2 %), *Werbung im Fernsehen* (18,7 %), *Empfehlung von Freunden und Bekannten* (11,1 %) und *Berichte, Kritiken in Zeitungen/Zeitschriften* (10,0 %). Auch wenn diese Punkte jeweils die höchsten Prozentangaben haben, kann man deutliche Unterschiede erkennen und Schlüsse auf das Bildungsniveau der Programmkinogänger ziehen. Die Analyse der Bildungsstruktur ergab, dass der Programmkinobesucher überdurchschnittlich gebildet ist (Abitur/Studium erreichten 60,4 % im Vergleich zum Gesamtkinobesucher mit 53,5 %) und besonderen Wert auf *Thema und Story* bei der Motivation des Kinobesuches legt (50,8 % im Vergleich zum Gesamtkinobesucher mit 43,0 %).

Viele Programmkinos strahlen eine Gemütlichkeit aus, die in den Multiplex-Kinos nicht gegeben ist. Aber gerade diese Atmosphäre scheint die älteren Kinogänger anzusprechen. So

---

[63] Vgl. o.V. [5], 2006, S. 18.

[64] Vgl. o.V. [5], 2006, S. 24.

[65] Vgl. Beigel, Y. et al., 2006, http://www.filmfoerderungsanstalt.de/downloads /publikationen/Programmkinos2005.pdf, S. 17.

[66] Vgl. Beigel, Y. et al., 2006, http://www.filmfoerderungsanstalt.de/downloads /publikationen/Programmkinos2005.pdf, S. 15.

sollen teilweise optische Umgestaltungen wie gemütliche Wartezonen, edle Ausstattung und ansprechende Foyers dazu beitragen, Kinobesucher verstärkt anzusprechen – insbesondere diejenigen, die schon lange nicht mehr im Kino waren.[67]

Durch Veranstaltungsreihen und Aktionen kann bestimmt auch der eine oder andere Kino-Abstinente über 50-Jährige wieder mehr Gefallen am Medium Kino finden. Längere Laufzeiten der Filme und ein anspruchsvolleres Programm scheinen ebenfalls wichtige Faktoren für eine mögliche Besuchersteigerung zu sein. Im Gegensatz zu den Deutschen gehen die 50-Jährigen in der Schweiz und in Frankreich viel öfter ins Kino. Gerade bei anspruchsvollen Filmen sind diese bis zu zehnmal häufiger im Kino anzutreffen. Somit ist sicherlich auch in Deutschland noch Potenzial für weitere Kinobesuche der Generation 50 plus vorhanden.[68]

---

[67] Vgl. o.V. [1], 2005, http://www.mediabiz.de/newsvoll.afp?Nnr=174165&Biz=cinebiz, o.S.

[68] Vgl. Pfannenmüller, J., 2006, S. 52 f.

7. Internet-Befragung zum Thema „Generation 50 plus im Kino"

7.1 Marktforschung

Die Hauptaufgabe der Marktforschung ist, dem Marketing-Management auf empirischem Weg Informationen für die absatzpolitische Ziel- und Maßnahmenplanung bereitzustellen. Im Weiteren wird folgende Marktforschungsdefinition zu Grunde gelegt: Marktforschung ist die systematische Sammlung, Aufbereitung, Analyse und Interpretation von Daten über Märkte und Marktbeeinflussungsmöglichkeiten mit dem Zweck Informationen über Marketing-Entscheidungen gewinnen zu können.[69]

Die Marktforschung kann in zwei Arbeitsgebiete gegliedert werden, die eine der Differenzierungsmöglichkeiten darstellen:

- Demoskopische Marktforschung: beinhaltet die mit den Marktsubjekten untrennbar verbundenen Tatbestände objektiver Art (z.B. Alter, Geschlecht, Beruf) und subjektiver Art (z.B. Einstellungen, Bedürfnisse) und

- Ökoskopische Marktforschung: dient der Erforschung von objektiven, von den Marktteilnehmern losgelösten, Marktgrößen (ökonomische Größen wie z.B. Marktanteile, Umsätze, Preise).[70]

Nach Definition und Differenzierung des Begriffes Marktforschung soll der Marktforschungsprozess als Abfolge von einzelnen Arbeitsschritten dargestellt werden, die als Orientierungshilfe dienen sollen. [71]

Die folgenden Phasen des Marktforschungsprozesses wurden bei der Erstellung und Auswertung des Fragebogens und der empirischen Erhebung befolgt:

1. Problemformulierung und Auswahl des Forschungsdesigns

2. Bestimmung der Informationsquellen und Erhebungsmethode

3. Entwicklung des Erhebungsinstruments

4. Erhebungsdurchführung

5. Aufbereitung der Informationen und Vorbereitung der Datenauswertung

---

[69] Vgl. Böhler, 2004, S. 19.

[70] Vgl. Hesse, J. et al, 1997, S. 46.

[71] Vgl. zu diesen und den folgenden Ausführungen Böhler, 2004, S. 30.

6. Auswertung der Daten und Interpretation der Ergebnisse

7. Erstellung des Ergebnisberichtes und Präsentation der Ergebnisse.

Als Forschungsdesign wurde die Primärforschung, oder auch Feldforschung, gewählt, die in quantitative und qualitative Primärforschung unterteilt werden kann. Das Forschungsziel der qualitativen Primärforschung ist die Erhellung subjektiver Sachverhalte wie Einstellungen und Motive, mit Hilfe von Methoden wie Einzel-Exploration und Gruppeninterviews. Bei der quantitativen Primärforschung sind die Forschungsziele objektive Sachverhalte, wie z.B. die Ermittlung numerischer Werte, welche bei der Internet-Befragung angewendet wurde.

Bei der Sekundärforschung hingegen handelt es sich um die Beschaffung, Verarbeitung und Interpretation von bereits existierendem Datenmaterial, welches hier nur in geringem Maße zur Verfügung stand und somit für die vorliegende Studie nur von unterstützender Natur war.[72]

7.2 Allgemeines zur Befragung

Nach den generellen Aussagen zu den vorangegangenen Themen soll eine ergänzende Internet-Befragung herausfinden, was die Vorlieben und Interessen der Zielgruppe sind und wie diese vermehrt für das Medium Kino begeistert werden könnte. Da die Informationen zu diesem Thema sehr gering sind, konnte kaum auf Sekundärliteratur zurückgegriffen werden. Aus diesem Grund wurde das Datenmaterial durch eine Primärforschung mit Hilfe einer Internet-Befragung erhoben.[73]

Üblicherweise werden zur Klassifizierung der Befragungsmethoden die folgenden Kriterien herangezogen:

- Standardisierungsgrad (standardisierte oder teil- bzw. nicht-standardisierte Befragung)

- Art der Fragestellung (direkte oder indirekte Befragung)

- Kommunikationsform (mündliche Befragung, schriftliche Befragung, telefonische Befragung, Internet-Befragung).

Für die Befragung dieser Studie wurde eine standardisierte Internet-Befragung mit indirekter Fragestellung gewählt.

---

[72] Vgl. Hesse, J. et al, 1997, S. 54 ff.

[73] Vgl. zu diesen und den folgenden Ausführungen Böhler, 2004, S. 85 ff.

- Bei einer vollständig standardisierten Befragung liegt ein strikt einzuhaltender Fragebogen vor, bei dem Formulierung, Reihenfolge und Anzahl der Fragen sowie Antwortmöglichkeiten vollständig vorgegeben sind. Aufgrund der Standardisierung können die Antworten der Befragten direkt miteinander verglichen werden.

- Da mit Hilfe der direkten Fragestellung versucht wird, den zu erforschenden Sachverhalt ohne Umschweife zu ermitteln, wurde die indirekte Fragestellung gewählt. Hier werden die Fragen meist entpersonifiziert (mit Begriffen wie „man" oder „Sie") gestellt und es werden Antwortspielräume eingeräumt.

- Internet-Befragungen werden von der Auskunftsperson in der Regel an einem interaktiv gestalteten Fragebogen online ausgefüllt.

Bei den 50 – 59-Jährigen liegt der Anteil der Internetnutzer mittlerweile schon bei 51,7 % und nähert sich dem Gesamtdurchschnitt von 55,3 % aller Internetnutzer in Deutschland an. Bei den über 60-Jährigen nutzen nur 20,2 % das Internet. Untersuchungen zur Nutzerstruktur zeichnen die Internetnutzer durch ein höheres Bildungsniveau und gehobene Einkommensstrukturen aus.[74]

Für diese Untersuchung wird die Zielgruppe als einzige Vorgabe mit dem folgenden Kriterium definiert: Personen, die mindestens das Alter von 50 Jahren erreicht haben.

Die Internet-Befragung wurde unter der URL http://www.kino-umfrage.de am 19.10.06 veröffentlicht und eine Teilnahme war bis zum 12.11.06 möglich.[75] Um die zu befragende Zielgruppe zur Umfrage zu geleiten, wurden Verlinkungen zur Befragung auf zielgruppengerechten Internetseiten veröffentlicht:[76]

- www.lebensfreude50.de (redaktioneller Beitrag, Verlinkung und Newsletter-Integration)

- www.perita.de (redaktioneller Beitrag und Verlinkung)

- www.50plus-aktuell.de (redaktioneller Beitrag und Verlinkung)

- www.50plusbonus.de (Verlinkung)

---

[74] o.V. [26], 2006, http://www.agof.de/index.download.6a25486a7522c4eb 42ab512fbd8e7f4e.pdf, S. 7 ff.

[75] Screen-Shots der Umfrage sind im Anhang 1 – Anhang 11 zu finden.

[76] Screen-Shots der Verlinkungen sind im Anhang 12 – Anhang 18 zu finden.

- www.golonglife.de (Verlinkung)

- www.feierabend.de (Veröffentlichung im Forum)

Als Anreiz für die Teilnahme wurden 10 x 2 Freikarten und 10 Filmbücher unter den Teilnehmern verlost.[77]

Insgesamt haben 284 Personen an der Befragung teilgenommen. Das Durchschnittsalter der Probanden betrug 56,32 Jahre. Die Verteilung nach dem Geschlecht ist mit 52,82 % bei den Frauen und 47,18 % bei den Männern im Gleichgewicht.[78] Ähnlich ausgewogen verhält sich auch die Kinobesucherstruktur: Die Verteilung weiblich/männlich schwankt seit 1993 bis heute zwischen 48 % (w)/ 52 % (m) und 51 % (w)/ 49 % (m).[79]

Von den 284 Teilnehmern waren 256 Best Ager (50 - 65 Jahre), 24 Senioren (66 - 80 Jahre) und zwei Hochaltrige (über 80 Jahre).

Die Abbruch-Quote lag bei 0,35 %, da nur eine Person den Fragebogen nicht bis zum Schluss ausgefüllt hat.

7.3 Fragenkatalog

Bei der Entwicklung des Fragebogens wurde auf einen hohen Standardisierungsgrad geachtet, wobei die Antwortvorgaben zur besseren Vergleichbarkeit größtenteils geschlossen waren. Bei den wenigen offenen Fragen konnte ein Ergänzungsvorschlag (Sonstige/Sonstiges) angegeben werden.

Die Internet-Befragung bestand aus drei Teilen: Nach einer kurzen Vorstellung von Thema, Diplomand, Hochschule und Verlosungspreisen wurden über Eingabefelder zunächst das Alter und das Geschlecht abgefragt.

Der Hauptfragebogen bestand aus 15 Fragen mit Antwortvorgaben. Anhand dieses Fragebogens sollte zunächst das generelle Kinointeresse der Zielgruppe in Erfahrung gebracht werden. Dazu dienten Fragen zur Häufigkeit der Kinobesuche und einer möglichen Steigerung der Besuchsintensität. Aber auch der Stellenwert des Mediums Kino als Freizeitbeschäftigung der Befragten, sowie die Abfragung woher Informationen über Kinofilme erhalten werden und sowohl Vorlieben bei der Art von Filmen und Produktions-

---

[77] Fotographien der Verlosungspreise sind im Anhang 19 – Anhang 20 zu finden.

[78] Die Verteilungen nach Alter und Geschlecht sind im Anhang 21 - Anhang 23 graphisch und tabellarisch aufbereitet.

[79] Vgl. o.V. [5], 2006, S. 17.

länder dienen den Grundlagewerten dieser Befragung. Weiterhin wurden Fragen zur aktiven Gestaltung der Kinobesuche durch die Themen Reservierung, Besuchsplanung und Interesse an Kino-Aktionen gestellt, die auch einleitend das Thema lokales Kino-Marketing betrachten sollen. Dieser Themenkomplex wurde durch gezielte Beispiele dargestellt und hierzu das Interesse abgefragt, bevor mit einer finalen Frage herausgefunden werden sollte, was die Befragten dazu bewegen würde noch öfter ins Kino zu gehen.

In einem dritten Teil konnte, unter Angabe von E-Mail-Adresse und Postleitzahl, an der Verlosung von Kinokarten und Filmbüchern teilgenommen werden, bevor die Umfrage mit einer Danksagung abgeschlossen wurde. Beim Gewinnspiel beteiligten sich 94 % aller Umfrage-Teilnehmer. Der Fragebogen war auf eine Interviewdauer von ca. 8 Minuten konzipiert. Zur besseren Verständlichkeit wird die Auswertung der durchgeführten Internet-Befragung durch Interpretationen, Trends und zusätzliche Informationen zu ausgewählten Nennungen zum jeweiligen Thema ergänzt.[80]

7.3.1 Frage 1: Wie oft gehen Sie im Jahr ins Kino?

Als Einstiegsfrage sollte das generelle Kinobesuchsverhalten der Teilnehmer eruiert werden. Die Generation 50 plus wird aller Voraussicht nach, zukünftig den größten Teil der Bevölkerung darstellen und somit auch für das Kino eine noch größere und interessantere Zielgruppe darstellen.

Generell ist zu sagen, dass alle vier Prozentwerte der Antwortmöglichkeiten (*7 x und mehr*, *3 – 6 x*, *1 – 2 x* und *Seltener*) zwischen 21,13 % (*7 x und mehr*) und 29,23 % (*Seltener*) liegen und somit eine sehr gute Verteilung für die weitere Auswertung gegeben ist. Im mittleren Bereich haben 24,30 % angegeben, dass sie *1 – 2 x* jährlich ins Kino gehen und 25,35 %, dass dies bei Ihnen *3 – 6 x* jährlich der Fall ist. Keine Antwortmöglichkeit überwiegt besonders und der Gesamtdurchschnitt ist sehr ausgewogen.[81]

---

[80] Die Auswertungen zu den einzelnen Fragen sind im Anhang 24 - Anhang 46 graphisch und tabellarisch aufbereitet.

[81] Graphische und tabellarische Aufbereitungen dieser Frage sind im Anhang 24 zu finden.

7.3.2 Frage 2: Gehen Sie heute öfter ins Kino als vor 1-2 Jahren?

Laut Fachzeitschriften und Internetquellen ist die Generation 50 plus bereits heute schon auf dem Vormarsch in die Kinosäle Deutschlands.

Aus diesem Grund wurde die Frage gestellt, ob es bereits eine Veränderung des Besucherverhaltens gibt und womöglich der Trend der Zielgruppe - öfter ins Kino zu gehen - sich auch in dieser Internet-Befragung widerspiegelt.

12,68 % gaben an, dass sie *öfter* ins Kino gehen als noch vor 1 – 2 Jahren. Somit wäre die Tendenz der zunehmenden Popularität des Kinos in der Zielgruppe in dieser Befragung zu erkennen.

52,82 % gaben an, dass sie *nicht öfter* ins Kino gehen. 34,51 % gaben an, dass ihr Besucherverhalten *unverändert* geblieben sei.

Aufgrund des verstärkten Interesses an Freizeitaktivitäten der Zielgruppe, der neuen Denkweise und einer Veränderung Ihrer Bedürfnisse wird generell ein größeres Interesse an Aktivitäten vorhanden sein. Somit bietet sich auch eine große Chance für die Kinobranche und im Besonderen für das lokale Kino-Marketing, da hier sicherlich mit einer guten lokalen Vermarktung und Veranstaltungen das Interesse am Kino bei der Zielgruppe noch verstärkt werden kann.[82]

7.3.3 Frage 3: Mit welchen Tätigkeiten verbringen Sie am liebsten Ihre Freizeit?

Mehrfachnennungen waren möglich.

Diese Frage ergab bei der Auswertung, dass *Kino* mit 22,54 % im unteren Mittelfeld in der Liste der Tätigkeiten zu finden ist. Die liebsten Freizeitbeschäftigungen sind *Lesen* (60,92 %), *Treffen mit Freunden* (51,06 %), *Fernsehen* (50,35 %) und *Reisen* (49,65 %).

Erwartungsgemäß wurde der Punkt *Internet* bei dieser Internet-Befragung entsprechend oft mit 42,25 % angegeben. Allerdings sind weitere Antwortmöglichkeiten rund um Tätigkeiten am Computer wie *am Computer arbeiten* (26,76 %), *Computer Spielen* (13,38 %) und *Chat* (5,63 %) bei weitem nicht so stark vertreten.

Interessant ist, dass die drei meistgenannten Punkte der Bewerbung von Kinofilmen und lokalen Kino-Marketing-Aktionen dienlich sein können. Auch wenn aus dem Punkt *Lesen*

---

[82] Graphische und tabellarische Aufbereitungen dieser Frage sind im Anhang 25 zu finden.

kein Schluss gezogen werden kann, ob es sich dabei um Bücher, Zeitungen oder Zeitschriften handelt, kann im Durchschnitt jedes der genannten Medien vertreten sein und somit ist die Schaltung von Kino-Anzeigen und der Bewerbung von Kino-Aktionen hier durchaus sinnvoll. Durch den hohen Wert von *Treffen mit Freunden* ist die Mundpropaganda sicherlich auch für die Bekanntheitsgrade von Filmen und Aktionen mitverantwortlich.

Im Allgemeinen kann man sagen, dass die Verteilung zeigt, dass den Teilnehmern soziale Kontakte sehr wichtig sind und Tätigkeiten, die Kommunikation in irgendeiner Form beinhalten, besonders oft genannt wurden. Tätigkeiten, die zu Hause stattfinden und alleine durchgeführt werden, wurden eher seltener genannt – wie z.B. *Gartenarbeit* (39,08 %), *Kreative Hobbies* (17,61 %) und *Heimwerken* (15,49 %).[83]

7.3.4 Frage 4: Wie informieren Sie sich über zukünftige Kinofilme?

Mehrfachnennungen waren möglich.

57,75 % aller Befragten gaben an, dass sie sich anhand von *Empfehlungen eines Bekannten* über zukünftige Kinofilme informieren. Dieser Wert zeigt deutlich, wie sehr eine positive oder negative Mundpropaganda für den Erfolg eines Kinofilmes mitverantwortlich sein kann. Zu den liebsten Freizeitbeschäftigungen gehört das *Treffen mit Bekannten* und dabei unterhält man sich wahrscheinlich gelegentlich auch über das Thema „Kino".

Tageszeitungen wurden mit 49,30 % sehr häufig genannt. In einer Umfrage von TNS Emnid Medienforschung gaben 64 % der 50 - 59-Jährigen und sogar 80 % der über 60-Jährigen an, dass sie täglich eine regionale Tageszeitung lesen.[84] Somit kann gesagt werden, dass im Allgemeinen die Generation 50 plus überwiegend Leser von Tageszeitungen ist und sich auch auf diesem Wege über Kinofilme zu informieren scheint.

Folgende Tageszeitungen haben einen besonders hohen Leseranteil von über 50-Jährigen: Berliner Morgenpost (55 %), Hamburger Abendblatt (54 %) und die Abendzeitung (AZ München) (52 %). Die Abendzeitung hat mittlerweile sogar eine wöchentliche Beilage mit dem Titel „AZ 50plus". Somit würden sich die genannten Zeitungen besonders für die Bewerbung von lokalen Kino-Marketing-Aktionen für die Zielgruppe 50 plus eignen.[85]

---

[83] Graphische und tabellarische Aufbereitungen dieser Frage sind im Anhang 26 – Anhang 27 zu finden.

[84] Vgl. o.V. [18], 2006, S. 10.

[85] Vgl. Ebenda.

Werbe-Maßnahmen im Kino selbst werden zwar beachtet, aber den Ergebnissen nach informiert sich die Zielgruppe nicht primär auf diesem Wege über zukünftige Kinofilme. Somit stehen *Filmvorschau/Trailer im Kino* (26,76 %), *Kostenloses Kinoprogrammheft* (15,49 %) und *Plakate/Dekoration im Kino* (15,14 %) weiter unten in der Tabelle.

Die Zielgruppe zeigt ein geringeres Interesse an *Außenwerbung* (z.B. Plakate, Poster, bedruckte Litfaßsäulen), da nur 17,96 % angaben, sich auf diesem Weg zu informieren. Die fünf Nennungen unter *Sonstiges* (1,76 %) setzten sich aus der Nennung der Internet-Seite „www.apple.com"[86] (4 x) und Ehefrau (1 x) zusammen.

Bei der GfK-Panelbefragung „Der Kinobesucher 2005", im Auftrag der Filmförderungsanstalt Berlin, wurden teilweise Ergebnisse ermittelt, die sehr von denen dieser Internet-Befragung abweichen und aus diesem Grund hier vergleichend angeführt werden. Obwohl auch hier Mehrfachnennungen möglich waren, liegen die Werte hier insgesamt nur zwischen 2 % und 30 %. Zum Vergleich: Bei der durchgeführten Internet-Befragung liegen die Werte zwischen 15,14 % und 57,75 % (*Sonstiges* nicht eingeschlossen). Es wurden scheinbar bei der Internet-Befragung generell mehr Nennungen angegeben, als bei der GfK-Panelbefragung.

Empfehlung gaben nur 21 % der über 50-Jährigen bei der GfK-Panelbefragung an und *Filmvorschau/Trailer im Kino* liegt mit 22 % an der zweiten Stelle. *Zeitungen/Zeitschriften* sind hier die größten Informationslieferanten über zukünftige Kinofilme, wobei *Berichte und Kritiken in Zeitungen und Zeitschriften* mit 30 % angegeben wurden und *Werbeanzeigen* in den gleichen Medien mit 14 %.

Das *kostenlose Kinoprogrammheft* (6 %) und die *Außenwerbung* (4 %) bilden mit dem *Internet* (2 %) die Schlusslichter des GfK-Ergebnisses. Aufgrund der Online-Affinität der Teilnehmer der Internet-Befragung dieser Studie sind diese Unterschiede des Punktes *Internet* zu erklären.[87]

---

[86] Die Seite www.apple.com ist mit Ihrer Rubrik „Movie Trailers" eine der bekanntesten und erfolgreichsten Internet-Seiten zu Thema Kino-Trailer.

[87] Graphische und tabellarische Aufbereitungen dieser Frage sind im Anhang 28 – Anhang 29 zu finden.

7.3.5 Frage 5: Welche Art von Filmen sehen Sie am liebsten?

Mehrfachnennungen waren möglich.

Mit 57,75 % ist das Film-Genre *Komödie* die beliebteste Kategorie der Umfrage-Teilnehmer. Das gemeinsame Lachen beim gemeinsamen Sehen eines Filmes trägt wahrscheinlich sehr zu diesem hohen Wert bei. Das Film-Genre *Dokumentation* ist mit 48,94 % ebenfalls sehr oft genannt worden. Bei Vorüberlegungen zu diesem Thema ist der Autor zwar von einem hohen Wert für Dokumentationen in der Zielgruppe ausgegangen, doch dieser Wert übertraf alle Erwartungen. Die Kategorien *Drama* und *Historienfilm* folgen mit jeweils 41,20 %.

Kategorien wie *Fantasy* (16,20 %), *Science-Fiction* (14,79 %), *Western/ Eastern* (9,15 %) scheinen eher Jüngere anzusprechen, denn die Umfrage-Teilnehmer gaben hier deutlich weniger Stimmen ab. Insbesondere der Boom des asiatischen Films der letzten Jahre scheint kaum Anhänger in der Generation 50 plus gefunden zu haben. Die Genres *Kriegsfilm* (7,75 %), *Horror* (4,93 %) und *Kinder* (2,82 %) finden den geringsten Zuspruch.

Vergleicht man diese Werte mit denen der GfK-Panelbefragung, lassen sich einige Unterschiede feststellen. Zunächst einmal muss angemerkt werden, dass bei der GfK-Panelbefragung Mehrfachnennungen nicht möglich waren und sich bei einer Einfachnennung folgendes Bild in dieser Umfrage ergab: Das Genre *Drama* hat mit 34 % einen deutlichen Vorsprung zum Genre *Komödie* (21 %) im Segment der 50 – 59-Jährigen. Bei den Umfrage-Teilnehmern über 60 ist der Abstand von *Drama* (42 %) zu *Komödie* (22 %) sogar noch größer. Sowohl bei den 50 – 59-Jährigen als auch bei den über 60-Jährigen übersteigt kein weiteres Genre 9 %. Genres wie *Horror, Kriegsfilm* und *Western, Eastern* haben ähnlich geringe Werte wie bei den Ergebnissen der Internet-Befragung.

Dem Genre *Dokumentation* sollte bei der Zielgruppe eine besondere Betrachtung zukommen, da hier der Unterschied der Werte gravierend ist. Während bei der GfK-Panelbefragung nur 5 % der Befragten zwischen 50 und 59 Jahren und 9 % der über 60-Jährigen das Genre *Dokumentation* angaben, liegt der Wert bei der Internet-Befragung bei 48,94 %. Fast die Hälfte aller Befragten gab an, dass man Dokumentationen prinzipiell gerne sieht.

Da Mehrfachnennungen möglich waren, kann bei der vorliegenden Internet-Befragung keine Aussage über das absolute Lieblingsgenre getroffen werden, während man sich bei der GfK-Panelbefragung für ein einziges Genre entscheiden musste. Somit kann der Schluss gezogen werden, dass *Dokumentation* scheinbar nicht das Top-Genre der Generation 50 plus ist und sie sich primär nicht dafür als Lieblingsgenre entscheiden würden. Aber dieses Genre scheint für die Generation 50 plus im Kino interessant zu sein.

Im Zusammenhang mit der Tatsache, dass auch im Fernsehen viele Dokumentationen gesendet werden, kann diese Information für die Schaltung von Kinotrailern genutzt werden um die Zielgruppe zu erreichen.[88]

7.3.6 Frage 6: Aus welchen Ländern stammen die Filme, die Sie normalerweise gerne sehen?

Mehrfachnennungen waren möglich

Im Jahr 2005 durchbrachen 38 Kinofilme die Grenze von einer Million Zuschauern. Mit knapp 76 Mio. Besuchern sind sie für fast zwei Drittel des gesamten Besucheraufkommens in den deutschen Kinos im Jahr 2005 verantwortlich. Unter diesen 38 Filmen befinden sich sieben deutsche Filme (im Jahr 2004 waren es sechs deutsche Filme)[89] wie z.B. „Die weisse Massai" und „Sophie Scholl".[90] Im Fünfjahresvergleich (2001 bis 2005) schwankt der Marktanteil des deutschen Films zwischen 19% (2002) und 36,7 % (2004), und hatte im Jahr 2005 einen Marktanteil von 21,5 %.[91] Eine Studie der Filmförderungsanstalt Berlin über Geschlecht, Durchschnittsalter und Altersstruktur der Kinobesucher (bezogen auf das 1. Halbjahr 2006) ergab, dass der Durchschnittsbesucher deutscher Filmproduktionen zu 57,2 % weiblich und im Schnitt 37,15 Jahre alt ist. Der Durchschnittsbesucher anderer Produktionen ist nur 32,11 Jahre alt und der Anteil weiblicher Kinogänger sinkt hier auf 51,4 %. Die Altersstruktur zeigt auf, dass 9 % der Kinogänger deutscher Produktionen im 1. Halbjahr 2006 zwischen 50 und 59 Jahre alt waren. Der Anteil, der über 60-Jährigen, steigt hier sogar auf 14,8 %. Der Anteil an anderen Produktionen liegt bei 7,5 % (50 bis 59 Jahre) und bei 6,8 % (60 Jahre und älter).[92]

---

[88] Graphische und tabellarische Aufbereitungen dieser Frage sind im Anhang 30 – Anhang 31 zu finden.

[89] Vgl. o.V. [5], 2006, S. 6.

[90] Vgl. o.V. [27], 2006, http://www.ffa.de/index.php?page=filmhitlisten&language=&st= 0&typ=15&jahr=2005, o.S.

[91] Vgl. o.V. [28], 2006, http://www.filmfoerderungsanstalt.de/downloads/marktdaten /5_Marktanteil_deutscher_Filme/fuenfjahresvergleich_01bis05.pdf, S. 2.

[92] Vgl. o.V. [29], 2006, http://www.filmfoerderungsanstalt.de/downloads/publikationen /ffa_intern/FFA_info_2_2006.pdf, S. 8.

65,85 % der Teilnehmer der Internet-Befragung gaben an, dass sie gerne Filme aus *Deutschland* sehen. Somit kann der Schluss gezogen werden, dass auch die Zielgruppe 50 plus einen größeren Teil der Kinobesucher deutscher Filme ausmacht.

57,04 % gaben an, dass Sie gerne Filme aus den *USA* sehen. Dieser Wert ist erstaunlich hoch, da manchmal die Qualität US-amerikanischer Produktionen kritisiert wird. Trotzdem sieht die befragte Zielgruppe sehr gerne Filme aus den USA. Dies sind wahrscheinlich eher kleinere Arthouse-Produktionen und keine Action-Blockbuster aus Hollywood.

Auch Filme aus *Frankreich* (34,15 %) und *England* (26,41 %) sind bei den über 50-Jährigen recht beliebt. Diese beiden Länder stehen oftmals für das anspruchsvollere europäische Kino, das insbesondere bei den über 50-Jährigen sehr beliebt ist. 25,00 % haben *kein Bestimmtes* angegeben und scheinbar tragen für diese Teilnehmer andere Faktoren wie Inhalt, Regie oder Schauspieler eher zur Filmauswahl bei als das Produktionsland. Andere europäische Länder und Regionen wie *Italien* (17,61 %), *Skandinavien* (15,49 %) und *Spanien* (10,56 %) befinden sich im Mittelfeld.

Das schlechtere Abschneiden von Filmen aus *Asien* (5,63 %) und *Indien* (3,17 %) verdeutlicht noch einmal, dass sich diese Filme scheinbar eher an ein jüngeres Publikum wenden, bzw. sich die Generation 50 plus von diesen Filmen nicht angesprochen fühlt. Unter *Sonstiges* gab es mit „Österreich" nur eine Nennung.[93]

7.3.7 Frage 7: Wie reservieren Sie Ihre Kinokarten?

Die Kinos bieten den Besuchern oftmals die Wahl zwischen der Reservierung per Telefon und per Internet. Bei der Reservierung per Telefon ist man mittlerweile fast überall mit einem Sprachcomputer verbunden und kann auf diesem Weg seine Plätze reservieren. Die Vorteile sind zum einen die Einsparung von Personalkosten für die Kinos und zum anderen für die Besucher: keine Warteschleifen, keine Besetzt-Zeichen und Erreichbarkeit rund um die Uhr. Allerdings kann man bei vielen Kinos per Telefon kein persönliches Gespräch mit einem Menschen suchen, wenn man z.B. Fragen hat oder sich die Plätze aussuchen möchte, da diese vom Sprachcomputer automatisch zugeteilt werden. Bei der Internet-Reservierung kann sich der Gast auf der Homepage der Kinos meist selbst die Plätze aussuchen und zu jeder Uhrzeit reservieren. Auch die direkte Bezahlung mit Abbuchung vom Bankkonto oder einer Art Kino-

---

[93] Graphische und tabellarische Aufbereitungen dieser Frage sind im Anhang 32 – Anhang 33 zu finden.

Clubkarte ist teilweise möglich, so dass die reservierten Karten nur noch an einem Automaten im Kino ausgedruckt werden und man sich nicht mehr an die Kinokasse anstellen muss.

Trotz dieser verschiedenen Möglichkeiten nehmen 65,49 % der Teilnehmer *keine Reservierung* für Kinokarten vor. 20,07 % reservieren Ihre Karten *per Telefon* und 14,44 % bevorzugen die Reservierung über das *Internet*. Obwohl die Befragten überdurchschnittlich gut mit dem Internet vertraut sind (da es sich um Personen handelt, die über Internet-Portale zur Internet-Befragung gelangt sind) überwiegen die Punkte *Reservierung per Telefon* und *keine Reservierung*.

Bei der GfK-Panelbefragung gaben im Alter 50 – 59 Jahre 81 % *keine Reservierung*, 14 % *per Telefon* und 5 % *per Internet* an. Bei den über 60-Jährigen nehmen sogar 88 % *keine Reservierung* vor. Nur 11 % reservieren *per Telefon*. Eine Reservierung *per Internet* nutzen hier nur 1 % der Befragten.[94]

7.3.8 Frage 8: Wann planen Sie Ihren Kinobesuch?

In Deutschland kommen neue Kinofilme jeweils am Donnerstag in die Kinos. Jeweils am Sonntag/Montag davor werden die Spielpläne und Uhrzeiten der Filme festgelegt und ab diesem Zeitpunkt für die Reservierung und den Verkauf freigegeben. Trotz dieses Vorlaufes zwischen dem Verkaufsstart und dem letzten Tag der Spielwoche (maximal von Sonntag bis Mittwoch der kommenden Woche) gaben nur 23,94 % der Teilnehmer an, dass sie ihren Kinobesuch früher als einen Tag vor dem eigentlichen Kinobesuch planen. Diese Spontaneität kann oftmals zur Folge haben, dass teilweise die Vorstellungen bereits ausverkauft sind oder die besten Plätze bereits vergeben sind.

Die Bewerbung von Kinofilmen und Aktionen zu den Filmen bietet sich hier wieder in der regionalen Tagespresse an, da 25,70 % angaben, dass sie ihren Kinobesuch am gleichen Tag planen, bzw. 13,73 % einen Tag vor dem Kinobesuch. „Gar nicht – Ich gehe meist spontan ins Kino" gaben 36,62 % der Befragten an, so dass hier Werbemaßnahmen zu Aktionen im Vorfeld eher nicht wahrgenommen werden und die spontane Lust auf einen Film im Kino für den Besuch ausschlaggebend ist. In diesem Punkt liegt eine der großen Herausforderungen des lokalen Kino-Marketing, diese Personen im Vorfeld schon über Filme, Aktionen und das

---

[94] Graphische und tabellarische Aufbereitungen dieser Frage sind im Anhang 34 zu finden.

Kino im Allgemeinen zu Informieren, damit auch Werbemaßnahmen eher wahrgenommen werden.[95]

7.3.9 Frage 9: Hätten Sie Interesse an mehr Aktionen zu Filmen im Kino?

Diese Frage stellt eine der Kernfragen zum Thema „lokales Kino-Marketing" dar. Aktionen zu Filmen im Kino sind z.b. bei Kindern sehr beliebt. Bastel- und Malwettbewerbe, das Treffen der „Schauspieler" aus Zeichentrickfilmen (dargestellt von Menschen in Kostümen) und viele andere Maßnahmen bereiten den Kindern im Kino schon seit längerer Zeit zusätzliche Freude.

Filmbezogene Aktionen für Ältere hingegen sind noch nicht ganz so populär – erfreuen sich aber vielerorts immer größerer Beliebtheit. Dies zeigen die Erfolge der bereits angesprochenen Veranstaltungsreihe „Kino & Vino" oder ähnliche Aktionen wie ein Kino-Brunch mit Film im Anschluss oder die etablierte bundesweite Reihe „Delikatessen" – eine Kombination aus Filmsehen und Diskutieren.

In dieser Umfrage gaben allerdings nur 27,82 % mit *Ja* an, dass sie Interesse an mehr Aktionen zu den Filmen im Kino hätten. *Ich weiß nicht* sagten 30,99 % und ganze 41,20 % gaben *Nein* an.

Für ein erfolgreiches lokales Kino-Marketing für diese Zielgruppe sollten besonders auch die Unentschlossenen, durch gut geplante Aktionen und die richtigen Werbemaßnahmen, davon überzeugt werden, dass Kino-Aktionen auch sie selbst ansprechen.[96]

7.3.10 Frage 10: Welche Aktionen im Kino würden Sie ansprechen?

Mehrfachnennungen waren möglich

Interessant ist, dass die Antwort *Filmklassiker*, mit weitem Abstand zum Zweiplatzierten, von 50,00 % der Befragten genannt wurde. Obwohl viele Filmklassiker bereits schon im Fernsehen liefen und auch auf DVD erhältlich sein werden, besteht ein großes Interesse diese noch einmal auf der großen Kinoleinwand zu erleben. Durch die Neuerungen im Bereich „Digitales Kino" wird die Möglichkeit bestehen dieses zukünftig ohne großen Aufwand umzusetzen. Heute ist dies leider nur bedingt möglich: Durch Verschleiß und Alterung der Filmkopie oder auch durch hohe Verleihergebühren (insbesondere für alte Filmkopien)

---

[95] Graphische und tabellarische Aufbereitungen dieser Frage sind im Anhang 35 zu finden.

[96] Graphische und tabellarische Aufbereitungen dieser Frage sind im Anhang 36 zu finden.

können viele Filmklassiker heute nicht mehr im Kino gezeigt werden. Das Zeigen der Filme von DVD per Beamer auf der Kinoleinwand ist technisch prinzipiell möglich, doch entspricht die Qualität nicht dem Standard einer normalen Filmkopie und setzt oftmals viele Genehmigungen voraus, die zuvor eingeholt werden müssen. Bücher scheinen im Gegensatz zu weiteren Merchandising-Artikeln (Soundtrack, T-Shirt, Poster, u.a.) von den Teilnehmern eher akzeptiert zu werden. *Büchertische bei Literaturverfilmungen* (29,93 %) werden von den Teilnehmern eher begrüßt als *Film-Souvenir-Shops* (9,86 %). Sowohl *Diskussionsrunden nach dem Film* als auch *Diskussion mit Filmschaffenden* erreichten mit 28,52 % einen Wert im oberen Mittelfeld. Bei jüngeren Kinogängern sehr erfolgreiche Kino-Aktionen wie *Musikkonzerte*, *Sport-Events* oder *Fernsehserien auf der Kinoleinwand* stießen hier mit 14,79 % (*Musikkonzerte*), 7,04 % (*Sport-Events*) und 2,82 % (*Fernsehserien*) auf geringeres Interesse.

Im Allgemeinen kann gesagt werden, dass das Interesse der Generation 50 plus an Kino-Aktionen bei dieser Internet-Befragung gering, aber ausbaufähig ist.[97]

7.3.11 Frage 11: Warum gehen Sie nicht öfter ins Kino?

Mehrfachnennungen waren möglich

42,25 % der Befragten gaben an, dass das *alternative Freizeitangebot zu groß* sei und sie aus diesem Grund nicht noch öfter ins Kino gehen würden. *Das aktuelle Filmangebot entspricht nicht meinem Geschmack* sagten 33,80 %. Interessant ist, dass nur 9,86 % angegeben haben, dass sie *zu wenig Geld zur Verfügung* haben, aber 30,99 % sagten, dass ihnen die *Kinokarten zu teuer* sind. Somit ist der finanzielle Spielraum für Freizeitaktivitäten wohl vorhanden, aber scheinbar aufgrund des großen Freizeitangebotes bereits anderweitig eingesetzt.

Diverse Kinos bieten mittlerweile Vorstellungen an, die sich eher an die Generation 50 plus richten sollen. Beispielsweise gibt es bereits Vorstellungen mit geringerer Lautstärke (bei dieser Befragung empfinden nur 12,68 % den *Ton im Kino zu laut*). Auch die Laufzeiten der Filme wurden teilweise verlängert, da davon ausgegangen wurde, dass über 50-Jährige erst später auf einen Film aufmerksam werden – und dennoch gaben nur 19,01 % an, dass die *Filme nicht mehr laufen, wenn man sie sehen möchte*. Allerdings gaben zuvor 57,75 % an, dass sie sich auf *Empfehlung eines Bekannten* über Kinofilme informieren. Somit erscheint es sinnvoll, dass die Laufzeiten der Filme verlängert werden, da die Mundpropaganda oftmals

---

[97] Graphische und tabellarische Aufbereitungen dieser Frage sind im Anhang 37 – Anhang 38 zu finden.

einige Zeit dauert. Die Problematik liegt hier aber auch in den geringen Kapazitäten der Kinos (begrenzte Anzahl der Kinosäle) und der bereits angesprochenen Menge an Kinostarts pro Woche. Einige Kinos zeigen auch weniger bzw. sogar keine Werbung mehr vor dem Film (bei entsprechendem Aufpreis auf die Kinokarte). Aber nur 22,89 % finden, dass *zu viel Werbung vor dem Film* gezeigt wird.

Die aktuelle Diskussion um die zu kurze Zeitspanne zwischen Kinostart und Veröffentlichung auf DVD ist nicht so ausschlaggebend. Nur für 17,96 % ist die *kommende DVD-Veröffentlichung des Filmes* ein Grund nicht öfter ins Kino zu gehen.

Sonstiges gaben 11,62 % mit u.a. folgenden Nennungen an: Zeitmangel, ungern alleine ins Kino und Anfahrt zu weit.

Faktoren, die das Kino selbst und das Kinopersonal betreffen, tragen nur in den wenigsten Fällen dazu bei, dass der Umfrageteilnehmer nicht noch öfter ins Kino geht: *Zu wenig Beinfreiheit* (7,04 %), *Angebot der Gastronomie-Theke spricht mich nicht an* (6,69 %), *Kinopersonal ist unfreundlich* (3,52 %) und *Warteschlangen an der Gastronomie-Theke sind zu lang* (3,17 %). Somit sind die Gründe scheinbar nicht hier zu suchen.

Bei dieser Frage kann der Schluss gezogen werden, dass es folgende Hauptgründe gibt, warum die Befragten nicht öfter ins Kino gehen: zum einen ein großes alternatives Freizeitangebot mit verbundenen Ausgaben, so dass trotz ausreichendem finanziellen Spielraum die Kinopreise eine Hürde darstellen und zum Anderen das Filmangebot, das scheinbar zu wenig Filme beinhaltet, die die Generation 50 plus verstärkt anspricht.

Die Bemühungen der Kinos (kürzere Werbezeiten, längere Laufzeiten der Filme, Vorstellungen mit geringerer Lautstärke, Umbauten der Kinofoyers u.a.) tragen aber bereits dazu bei, der Zielgruppe das Kino weiterhin näher zu bringen.[98]

7.3.12 Frage 12: Welche Gastronomie-Artikel würden Sie gerne zusätzlich auf der Menükarte eines Kinos sehen?

Mehrfachnennungen waren möglich

Aufgrund hoher Abgaben an die Filmverleiher, in Form von Verleihergebühren, liegt die Haupteinnahmequelle der Kinos in der Gastronomie. Somit ist ein hoher Umsatz an den Gastronomie-Theken für die Kinos besonders wichtig.

---

[98] Graphische und tabellarische Aufbereitungen dieser Frage sind im Anhang 39 – Anhang 40 zu finden.

Das Angebot erstreckt sich meist weit über Standardprodukte wie Popcorn und Erfrischungs-
getränke hinaus und sollte nach Möglichkeit für jeden etwas bieten. Bei der Frage nach
zusätzlichen Artikeln auf der Menükarte der Kinos erreichen alleine *Kaffeespezialitäten* mit
34,51 % einen höheren Wert. Keines der anderen zur Auswahl stehenden Produkte kam über
16,55 % (*Tapas, Oliven, Antipasti o.ä.*) hinaus. Insbesondere das Interesse an richtigen
Mahlzeiten im Kino ist überaus gering. So erreichten *Salatteller* nur 10,56 % und *vollwertige
Mahlzeiten* 5,63 %.

Ganz besonders interessant ist bei dieser Frage die Auswertung des offenen Punktes
Sonstiges, der mit 25,00 % die zweithäufigsten Stimmen bekam. Von den hierbei abgegebe-
nen 71 Nennungen war die Aufteilung wie folgt: Bionade (4 Nennungen), Diverse wie z.B.
Nüsse (8 Stimmen) und keine weiteren (59 Nennungen). Somit haben 20,78 % aller
Teilnehmer in der offenen Antwortmöglichkeit *Sonstiges* angegeben, dass sie überhaupt keine
weiteren Artikel auf der Menü-Karte wünschten. Teilweise wurden diese Antworten auch mit
Zusätzen wie ‚Ich gehe nicht zum Essen ins Kino' oder ‚Mich stören die Essensgeräusche im
Kino' versehen.[99]

7.3.13 Frage 13: Valet Parking

**In den USA läuft das System des „Valet Parking" sehr erfolgreich. Das bedeutet, dass
Sie Ihr Auto am Kino einem Kino-Mitarbeiter zum Parken abgeben. Könnten Sie sich
vorstellen, diesen Service auch in Deutschland zu nutzen?**

In der Regel müssen reservierte Kinokarten in Deutschland mindestens 30 Minuten vor
Vorstellungsbeginn abgeholt werden, da diese sonst wieder in den freien Verkauf gehen. Plant
man dazu noch die Parkplatzsuche mit ein, ist der Zeitaufwand eines Kinobesuches teilweise
schon etwas größer. Einige Kinos bieten den Service an, dass Kinobesucher, die Inhaber einer
Art Kino-Clubkarte des Kinos sind, ihre reservierten Kinokarten teilweise noch bis zu 10
Minuten vor Vorstellungsbeginn abholen können. Oftmals können auch schon Parktickets
zusammen mit den Kinokarten bezahlt werden, damit erneutes Anstehen und Bezahlen am
Parkautomaten entfallen. In den USA muss man teilweise nur bis zum Kino vorfahren und
sich über Parken und Abholung des Autos keine weiteren Gedanken machen, da dies von
einem Kino-Mitarbeiter erledigt wird. Valet Parking nennt sich dieser Service und wird
teilweise sogar kostenlos angeboten (ein Trinkgeld ist natürlich willkommen). 30,63 % der

---

[99] Graphische und tabellarische Aufbereitungen dieser Frage sind im Anhang 41 – Anhang 42 zu finden.

Umfrage-Teilnehmer könnten sich vorstellen, diesen Service auch in Deutschland zu nutzen. *Ich weiß nicht* sagten 7,75 % und *Ich habe kein Auto* 11,97 %. Ganze 49,65 % könnten sich allerdings nicht vorstellen, dieses Service zu nutzen.

Bei der Frage wurde offen gehalten, ob es sich um einen kostenpflichtigen oder kostenfreien Service handelt. Sollte der Service gratis angeboten werden oder in Deutschland noch weiter verbreitet werden, könnte es sein, dass sich noch weitere Kinobesucher von diesem Service überzeugen lassen.[100]

7.3.14 Frage 14: Restaurant und Kino

Würden Sie einen Kinobesuch mit einem Restaurantbesuch eher verbinden, wenn man die Kinokarten parallel mit der Restaurant-Rechnung bekommt, bezahlt und sich nicht noch einmal an der Kinokasse anstellen muss?

32,75 % der Teilnehmer können sich diesen Service vorstellen und würden es begrüßen, wenn sie sich nach einem Restaurant-Besuch nicht noch einmal an der Kinokasse anstellen müssen, um reservierte Tickets abzuholen. *Ich weiß nicht* sagten 16,90 %. Über die Hälfte (50,35 %) gaben allerdings an, dass sie sich nicht vorstellen könnten, diesen Service zu nutzen.

Aufgrund eines Netzwerks können die Restaurant-Mitarbeiter die Kinotickets vor Ort ausdrucken und dem Gast noch vor Verlassen des Restaurants aushändigen. Aufgrund der heutigen technischen Möglichkeiten, könnte dieser Service auch von weiter entfernten Restaurants angeboten werden. Es muss nicht zwangsläufig eine unmittelbare Nähe zwischen Restaurant und Kino existieren.

Diese Service-Idee wurde schon vom Citydome Rosenheim aufgegriffen.[101] Die technische Möglichkeit hierfür ist bereits geschaffen worden, allerdings ist die praktische Umsetzung momentan noch in Arbeit. Dort wird es bald möglich sein, in den angrenzenden Restaurants auch die vorher reservierten Kinokarten zusammen mit der Restaurant-Rechnung zu bezahlen, um ein nochmaliges Anstehen an der Kinokasse zu umgehen.[102]

---

[100] Graphische und tabellarische Aufbereitungen dieser Frage sind im Anhang 43 zu finden.

[101] Vgl. o.V. [30], o.J., http://www.citydome-rosenheim.de/gastronomie/, o. S.

[102] Graphische und tabellarische Aufbereitungen dieser Frage sind im Anhang 44 zu finden.

7.3.15 Frage 15: Was würde Sie dazu bewegen öfter ins Kino zu gehen?

Mehrfachnennungen waren möglich

Bereits bei „*Frage 11: Warum gehen Sie nicht öfter ins Kino?*" gaben 33,80 % an, dass das aktuelle Filmangebot nicht dem Geschmack entsprechen würde. Bei der Frage nach möglichen Beweggründen für häufigere Kinobesuche sagten 47,89 %, dass dieses von einem besseren Filmangebot abhängig wäre.

45,77 % würden dies von günstigeren Kinokarten abhängig machen. Auch wenn aus Frage 11 zu erkennen war, dass *zu wenig Geld zur Verfügung* nur für 9,86 % der Befragten ein Grund sei, nicht öfter ins Kino zu gehen, ist der Wert von 45,77 % hier aufgrund des großen alternativen Freizeitangebotes (und der damit verbundenen Ausgaben) zu erklären.

Bei Frage 11 waren es 22,89 %, die nicht öfter ins Kino gehen, da ihnen die Werbung vor dem Film zu lang ist. Hier sagten 38,03 %, dass weniger Werbung vor dem Film sie dazu bewegen würde, öfter ins Kino zu gehen.

Die von vielen Kinos geplanten und teilweise bereits umgesetzten Veränderungen, wie die Neugestaltung und Verschönerung des Ambientes der Kinos und Kinofoyers (26,41 %), der Kauf von Kinokarten über das Internet (25,35 %), längere Laufzeiten der Filme (21,13 %) und Bonuskartensysteme (19,72 %), liegen im Mittelfeld der Nennungen.

Bessere Informationen über zukünftige Kinofilme würden 23,34 % begrüßen. Die Teilnehmer dieser Internet-Befragung sind über diverse zielgruppengerechte Internet-Portale zur Umfrage gelangt. Da der Verfasser sich intensiv mit den unter 7.2 genannten Portalen auseinandergesetzt hat, fiel auf, dass das Thema Kino, wenn überhaupt, nur am Rande aufgegriffen wurde. Somit erscheint es nicht unbedingt verwunderlich, dass viele sich weitere Informationen zum Thema Kino wünschen würden.

Zu den Nennungen unter *Sonstiges* (5,63 %) gehören *mehr Zeit, freie Parkmöglichkeiten in der Nähe, angenehmere Sitzhöhe* (diese seien zu niedrig und man komme schlecht hoch, wenn man älter ist) und *Keine/Nichts.* Keine besonderen Beweggründe sind *größeres Filmangebot* (13,38 %) und *freundlicheres Kinopersonal* (5,63 %).

Die geringen Prozentwerte von *Zusätzliche Informationsveranstaltungen* (9,51 %) und *mehr Aktionen zu den Filmen im Kino* (6,69 %) unterstreichen die bisherigen eher verhaltenen Meinungen zum lokalen Kino-Marketing für die Zielgruppe.

Es scheinen nicht die großen Aktionen zu sein, die die Generation 50 plus dazu bewegen würde, öfter in die Kinos zu gehen. Der Film an sich scheint im Fokus der Befragten zu stehen und wenn sich das Angebot an Filmen verbessert, würden wahrscheinlich auch die Kinos mit über 50-Jährigen besser gefüllt werden.[103]

---

[103] Graphische und tabellarische Aufbereitungen dieser Frage sind im Anhang 45 – Anhang 46 zu finden.

8. Fazit

Die traditionellen Klischees der älteren Generation, der Passivität, des Desinteresses und der Hilflosigkeit, treffen auf diese Gruppe nicht mehr zu. Vielmehr engagieren sich ältere Menschen zunehmend in Initiativen und Verbänden. Sie sind kaufkräftige Konsumenten und absatztechnisch gefragter denn je. Sie reisen viel, sind gesundheitsbewusst, weltoffen und nehmen mit zunehmendem Interesse an Veranstaltungen teil und angebotene Dienstleistungen an.

Da es sich bei der Generation 50 plus allerdings um ein äußerst heterogenes Segment handelt, ist diese Generation als Zielgruppe sehr schwer zu erreichen. Teilweise durch einfaches Interesse, teilweise auch durch eine hohe Kaufkraft ist diese Zielgruppe oftmals sehr aktiv und geht vielen unterschiedlichen Beschäftigungen nach.

Aufgrund eines sehr großen quantitativen Potenzials gehen viele Bereiche der Industrie und Dienstleitung immer mehr auf die über 50-Jährigen ein.

Auch die Kinobranche erkennt, dass es keine festen Regeln für das Medium Kino gibt und insbesondere die Generation 50 plus sich immer wieder neu für oder gegen das Kino entscheidet. Jeder Film muss als eigenständiges Produkt betrachtet werden, da sich die Kinogänger immer wieder aufs Neue entscheiden, ob sie das Produkt annehmen oder nicht.[104]

Auch wenn es Vorlieben und Interessen gibt, die teilweise weiter verbreitet sind, gibt es nicht eine ganz spezielle Art von Filmen, die den größten Teil der Generation 50 plus anspricht. Die Internet-Befragung ergab, dass für die Generation 50 plus aber der Film an sich der entscheidende Faktor für einen Kinobesuch ist.

Lokale Aktionen und Veranstaltungen sind noch nicht so populär bei den Menschen „im besten Alter" wie bei den Jüngeren. Auch die Überlegungen der Kinobranche das Angebot der Gastronomie zu überdenken oder große Umbauten der Kinofoyers in Auftrag zu geben, scheinen nur langsam den erhofften Erfolg zu bringen oder für die Zukunft zu prophezeien. Die Qualität eines Filmes ist das entscheidende Kriterium für mehr Kinobesuche der Zielgruppe.

Das Jahr 2006 hat zumindest einen leichten Aufschwung der Kinozahlen mit sich gebracht, wie die Halbjahreszahlen der Filmförderungsanstalt zeigen. Wenn man die Halbjahreszahlen von 2005 und 2006 vergleicht, kann man einen Besucherzuwachs von 7,8 % im gleichen

---

[104] Vgl. Schmiedl, C., 2005, S. 9.

Jahreszeitraum erkennen.[105] Insbesondere auch die großen Erfolge von Buchverfilmungen wie „The Da Vinci Code – Sakrileg" und „Das Parfum" tragen zu diesem Erfolg bei, da sicherlich auch ein großer Anteil der Kinobesucher der Generation 50 plus angehört.[106] Ein Ansatz für das lokale Kino-Marketing wäre bei Buchverfilmungen eine Kooperation mit einer lokalen Buchhandlung, um das Interesse der Leser für die filmische Umsetzung der Lektüre zu wecken.

Der Aushang von Postern oder die Auslage von Flyern in Buchhandlungen oder anderen Bereichen mit hohem Kundenaufkommen und Verkäufern, wie z.B. Bäckereien und Friseuren, könnte sich durch Hinweise bei der Beratung durchaus als Vorteilhaft für die Aufmerksamkeit bei der Zielgruppe erweisen.

Erstaunlich ist der Entschluss, dass ein aktuelles Marketingkonzept für die Generation 50 plus von der Filmförderungsanstalt-Werbekommission zunächst auf Eis gelegt worden ist. Eine zielgruppengenaue Kampagne soll nun nicht gestartet werden, so lange noch nicht ausreichend Informationen über die Zielgruppe gesammelt worden sind. Erst nach einer Untersuchung der Gesamtheit der Kinobesucher und Identifizierung aller Zielgruppen soll ein Gesamtkonzept erstellt werden, das aus den Bausteinen der spezifischen Gruppenansprache besteht.[107]

Auch wenn neue Erkenntnisse über die Generation 50 plus noch auf sich warten lassen, rückt der andere Fokus der vorliegenden Untersuchung, das lokale Kino-Marketing, immer mehr in der Vordergrund. Bisher haben drei deutsche Filmverleih-Unternehmen Ihr Engagement für ein lokales Kino-Marketing im Jahr 2007 angekündigt, um mit dem Aufbau regionaler Netzwerke zu beginnen und teilweise bereits entsprechende Arbeitsstellen geschaffen und ausgeschrieben.

Dieses ist ein weiterer Schritt, um die Kinobesucher im Allgemeinen und auch die Generation 50 plus zukünftig noch stärker für das Medium Kino zu begeistern.

---

[105] Vgl. o.V. [31], 2006, http://www.filmfoerderungsanstalt.de/downloads/publikationen/ ffa_intern/FFA_info_2_2006.pdf, S. 1.

[106] Eine offizielle Mitteilung der Altersstruktur wird erst im Jahr 2007 von der Filmförderungsanstalt veröffentlicht.

[107] Vgl. Steiger, T. [b], 2006, S. 20.

Literaturverzeichnis

Internetquellen

BEIGEL, Y./SCHULTZ, I., (2006)

„Programmkinos in der Bundesrepublik Deutschland und ihr Publikum im Jahr 2005", Filmförderungsanstalt, Berlin,

Internet www-Seite unter der URL-Adresse:
[http://www.filmfoerderungsanstalt.de/downloads/publikationen/Programmkinos2 005.pdf],
letzter Zugriff am 22.12.06

EIFLÄNDER, B., (2006)

Verlinkung von www.50plusbonus.de,

Internet www-Seite unter der URL-Adresse:
[http://www.50plusbonus.de/],
letzter Zugriff am 13.11.06

GUILLAUME-GRABISCH, B., (2003)

„Best Ager statt Kukident-Oma – Produkte für die Generation 50+: Wie agieren die Unternehmen?", L'Oréal Paris,
Internet www-Seite unter der URL-Adresse:
[http://www.medientage-muenchen.de/archiv/2003/guillaume-
.grabisch.pdf#search=%22%2250%20plus%22%20%22best%20ager%22%20%22 selpies%22%22],

letzter Zugriff am 22.12.06

JANOTTA, U. [a], (2006)

Newsletter von www.lebensfreude50.de vom 02.11.06

JANOTTA, U. [b], (2006)

Verlinkung von www.lebensfreude50.de,

Internet www-Seite unter der URL-Adresse:
[http://www.lebensfreude50.de/partnersuche.php],

letzter Zugriff am 13.11.06

KASCHURA, M. [a], (2006)
www.kino-umfrage.de – Startseite,
Internet www-Seite unter der URL-Adresse:
[http://kino-umfrage.de/index.php5],

letzter Zugriff am 22.12.06

KASCHURA, M. [b], (2006)
www.kino-umfrage.de – Frage 1 und Frage 2,
Internet www-Seite unter der URL-Adresse:
[http://kino-umfrage.de/umf1.php5],

letzter Zugriff am 22.12.06

KASCHURA, M. [c], (2006)
www.kino-umfrage.de – Frage 3 und Frage 4,

Internet www-Seite unter der URL-Adresse:
[http://kino-umfrage.de/umf2.php5],

letzter Zugriff am 22.12.06

KASCHURA, M. [d], (2006)
www.kino-umfrage.de – Frage 5 und Frage 6,
Internet www-Seite unter der URL-Adresse:
[http://kino-umfrage.de/umf3.php5],

letzter Zugriff am 22.12.06

KASCHURA, M. [e], (2006)
www.kino-umfrage.de – Frage 7 und Frage 8,
Internet www-Seite unter der URL-Adresse:
[http://kino-umfrage.de/umf4.php5],

letzter Zugriff am 22.12.06

KASCHURA, M. [f], (2006)
www.kino-umfrage.de – Frage 9 und Frage 10,
Internet www-Seite unter der URL-Adresse:
[http://kino-umfrage.de/umf5.php5],

letzter Zugriff am 22.12.06

KASCHURA, M. [g], (2006)
www.kino-umfrage.de – Frage 11 und Frage 12,
Internet www-Seite unter der URL-Adresse:
[http://kino-umfrage.de/umf6.php5],

letzter Zugriff am 22.12.06

KASCHURA, M. [h], (2006)
www.kino-umfrage.de – Frage 13 und Frage 14,
Internet www-Seite unter der URL-Adresse:
[http://kino-umfrage.de/umf7.php5],

letzter Zugriff am 22.12.06

KASCHURA, M. [i], (2006)
www.kino-umfrage.de – Frage 15,
Internet www-Seite unter der URL-Adresse:
[http://kino-umfrage.de/umf8.php5],

letzter Zugriff am 22.12.06

KASCHURA, M. [j], (2006)
www.kino-umfrage.de – Gewinnspielteilnahme,
Internet www-Seite unter der URL-Adresse:
[http://kino-umfrage.de/umf9.php5],

letzter Zugriff am 22.12.06

KASCHURA, M. [k], (2006)
www.kino-umfrage.de – Danksagung,
Internet www-Seite unter der URL-Adresse:
[http://kino-umfrage.de/landeseite.php5],

letzter Zugriff am 22.12.06

KASCHURA, M. [l], (2006)

> Verlinkung von www.feierabend.de im Forum,
> Internet www-Seite unter der URL-Adresse:
> [http://www.feierabend.com/cgi-bin/bbs/bbs.pl?todo=show_
> message&node_pk=680872&page=1&bbs_categorie_pk=60],
>
> letzter Zugriff am 22.12.06

KEMPF, U., (2006)

> Kompetenzzentrum Technik, Diversity, Chancengleichheit e.v., Bielefeld,
> Internet www-Seite unter der URL-Adresse:
> [http://www.50plus-ans-netz.de],
>
> letzter Zugriff am 22.12.06

MÜLLER, W., (2006)

> „Generation 50 plus – Die neue Traumzielgruppe"; Focus Money Online,
> Internet www-Seite unter der URL-Adresse:
> [http://focus.msn.de/finanzen/news/50Plus],
>
> letzter Zugriff am 22.12.06

NAUCKE, C./TSCHABAN, A., (2006)

> „Die freie Generation 2006", Studie der KarstadtQuelle Versicherungen,
> Internet www-Seite unter der URL-Adresse:
> [http://www.karstadtquelle-versicherungen.de/content/wuu/studie/index.html],
>
> letzter Zugriff am 22.12.06

O.V. [1], (2005)

> „Hans-Joachim Flebbe zum deutschen Kinomarkt", Interview mit CinemaxX-
> Vorstand Hans-Joachim Flebbe,
>
> Internet www-Seite unter der URL-Adresse:
> [http://www.mediabiz.de/newsvoll.afp?Nnr=174165&Biz=cinebiz],
>
> letzter Zugriff am 22.12.06

O.V. [3], (o.J.)

> „Kino-Ergebnisse – 1996 bis 2001 auf einen Blick (Jahresabschluss)", Filmförde-
> rungsanstalt, Berlin,
> Internet www-Seite unter der URL-Adresse:
> [http://www.filmfoerderungsanstalt.de/downloads/marktdaten/1_Fuenf_Jahre_Blic
> k/96bis01_jahresabschluss.pdf],
>
> letzter Zugriff am 22.12.06

O.V. [4], (o.J.)

> „Kino-Ergebnisse – 2000 bis 2005 auf einen Blick (Jahresabschluss)", Filmförde-
> rungsanstalt, Berlin,
> Internet www-Seite unter der URL-Adresse:
> [http://www.filmfoerderungsanstalt.de/downloads/marktdaten/1_Fuenf_Jahre_Blic
> k/00bis05_jahresabschluss.pdf],
>
> letzter Zugriff am 22.12.06

O.V. [6], (2005)

> Definition: Me-Too-Produkt,

Internet www-Seite unter der URL-Adresse:
[http://www.handelswissen.de/data/handelslexikon/buchstabe_m/Me-Too-Produkt.php],
letzter Zugriff am 22.12.06

O.V. [7], (o.J.)

„Auswertungsfenster vom Kinostart bis zum DVD-Start",
HDF-Kino e.V., München,
Internet www-Seite unter der URL-Adresse:
[http://www.hdf-kino.de/download/Auswertungsfenster_gesamt.pdf],
letzter Zugriff am 22.12.06

O.V. [8], (2006)

„Kino. Dafür werden Film gemacht.", Kampagnentext,
HDF-Kino e.V., München,
Internet www-Seite unter der URL-Adresse:
[http://kino-hdf.com/download/PR%202006-03-30%20
Kampagnentext.pdf],
letzter Zugriff am 22.12.06

O.V. [9], (2006)

„Kino kann mehr!", Maßnahmen, HDF-Kino e.V., München,
Internet www-Seite unter der URL-Adresse:
[http://kino-hdf.com/download/PR%202006-03-30%20Massnahmen.pdf],
letzter Zugriff am 22.12.06

O.V. [10], (o. J.)

„Was bedeutet eigentlich D-Cinema?", Filmförderungsanstalt, Berlin,

Internet www-Seite unter der URL-Adresse:
[http://www.ffa.de/start/content.phtml?page=sdk2006_faq&question=0#
answer],
letzter Zugriff am 22.12.06

O.V. [11], (2006)

BVV aktuell, Bundesverband audiovisuelle Medien / FAM GmbH, Hamburg,

Internet www-Seite unter der URL-Adresse:
[http://www.bvv-medien.de/aktuell.html],
letzter Zugriff am 22.12.06

O.V. [12], (2006)

„Motivations-Studie Kino", Filmförderungsanstalt, Berlin,

Internet www-Seite unter der URL-Adresse:
[http://www.filmfoerderungsanstalt.de/downloads/publikationen/motivationsstudie
_kino.pdf],
letzter Zugriff am 22.12.06

O.V. [14], (o.J.)

„Bevölkerung", Bundeszentrale für politische Bildung, Bonn,

Internet www-Seite unter der URL-Adresse:
[http://www.bpb.de/popup/popup_lemmata.html?guid=X1DOEG],

entnommen aus Schubert, K./ Klein, M., 2003, Das Politlexikon, 3. aktualisierte Auflage, Verlag J.H.W. Dietz, Bonn,

letzter Zugriff am 22.12.06

O.V. [15], (2006)

„Bevölkerungsentwicklung in Deutschland 1991-2005", Statistisches Bundesamt Deutschland, Wiesbaden,
Internet www-Seite unter der URL-Adresse:
[http://www.destatis.de/download/d/bevoe/bevoelkerung_in_deutschland 05.pdf],

letzter Zugriff am 22.12.06

O.V. [16], (2006)

„Altersaufbau der Bevölkerung in Deutschland von 1910 bis 2050", Deutsches Institut für Altersvorsorge, Köln,
Internet www-Seite unter der URL-Adresse:
[http://www.dia-vorsorge.de/downloads/df010204.pdf#search= %22Altersaufbau%20der%20Bev%C3%B6lkerung%20in%20Deutschland%20vo n%201910%20bis%202050%22],

letzter Zugriff am 22.12.06

O.V. [17], (2006)

„Deutschland altert besonders schnell", Deutsches Institut für Altersvorsorge, Köln,
Internet www-Seite unter der URL-Adresse:
[http://www.dia-vorsorge.de/df_010207.htm],

letzter Zugriff am 22.12.06

O.V. [19], (2005)
„Senta Berger lächelt für Diadermine", Pressemitteilung der BBDO Germany GmbH, Düsseldorf,
Internet www-Seite unter der URL-Adresse:
[http://www.bbdo.de/de/home/news/2005/senta_berger_laechelt.htm],

letzter Zugriff am 22.12.06

O.V. [20], (O.J.)
Artner Seminare & Reisen, Frankfurt/Main,
Internet www-Seite unter der URL-Adresse:
[http://www.sprachreisen50plus.de],

letzter Zugriff am 22.12.06

O.V. [21], (2006)
Feierabend Online Dienste für Senioren AG - Startseite, Frankfurt/Main,
Internet www-Seite unter der URL-Adresse:
[http://www.feierabend.de],

letzter Zugriff am 22.12.06

O.V. [22], (2006)

Feierabend Online Dienste für Senioren AG – Media-Daten, Frankfurt/Main,
Internet www-Seite unter der URL-Adresse:
[http://www.feierabend.com/cgi-bin/channel/channel.pl?node_pk=2187],

letzter Zugriff am 22.12.06

O.V. [23], (2006)

IVW Online Nutzungsdaten - November 2006, Informationsgemeinschaft zur
Feststellung der Verbreitung von Werbeträgern e.V.,
Internet www-Seite unter der URL-Adresse:
[http://ivwonline.de/ausweisung2/search/ausweisung.php],

letzter Zugriff am 22.12.06

O.V. [24], (2006)

SilverAge GmbH - Beratungsgesellschaft für Soziale Dienstleistungen, Senior
Consumer und Neue Medien mbH, Freiburg,
Internet www-Seite unter der URL-Adresse:
[http://www.silverage.de/index.php?id=46],

letzter Zugriff am 22.12.06

O.V. [25], (2005)

„Semiologie, Best Ager Typologie 2005 – Status Quo und aktuelle Trends", TNS
Infratest Holding GmbH & Co. KG, München,
Internet www-Seite unter der URL-Adresse:
[http://www.tns-infratest.com/02_business_solutions/
semiometriedownload/Semiometrie_BestAger2005.pdf],

letzter Zugriff am 22.12.06

O.V. [26], (2006)

„Berichtsband – Teil 1 zur internet facts 2006-II", Regeldatensatz der AGOF –
Arbeitsgemeinschaft Online-Forschung e.V. vom 30. November 2006, Frankfurt
am Main,
Internet www-Seite unter der URL-Adresse:
[http://www.agof.de/index.download.6a25486a7522c4eb
42ab512fbd8e7f4e.pdf],

letzter Zugriff am 22.12.06

O.V. [27], (2006)

„Filmhitliste: Jahresliste (deutsch) 2005", Filmförderungsanstalt, Berlin,
Internet www-Seite unter der URL-Adresse:
[http://www.ffa.de/index.php?page=filmhitlisten&language=&st=0&typ=15&jahr
=2005],

letzter Zugriff am 22.12.06

O.V. [28], (2006)

„Marktanteil deutscher Film im Fünfjahresvergleich 2001 bis 2005", Filmförderungsanstalt, Berlin,
Internet www-Seite unter der URL-Adresse:

[http://www.filmfoerderungsanstalt.de/downloads/marktdaten/5_Marktanteil_deut
scher_Filme/fuenfjahresvergleich_01bis05.pdf],

letzter Zugriff am 22.12.06

O.V. [29], (2006)

„Weiblich, lesend, nicht ganz jung – Die Besucherstruktur deutscher Filme" erschienen in „FFA Info 2/06", Filmförderungsanstalt, Berlin,
Internet www-Seite unter der URL-Adresse:
[http://www.filmfoerderungsanstalt.de/downloads/publikationen/ffa_intern/FFA_i
nfo_2_2006.pdf],

letzter Zugriff am 22.12.06

O.V. [30], (o.J.)

Citydome Rosenheim - Gastronomie,
Internet www-Seite unter der URL-Adresse:
[http://www.citydome-rosenheim.de/gastronomie/],

letzter Zugriff am 22.12.06

O.V. [31], (2006)

„Das Comeback der guten Zahlen" erschienen in „FFA Info 2/06", Filmförderungsanstalt, Berlin,

Internet www-Seite unter der URL-Adresse:
[http://www.filmfoerderungsanstalt.de/downloads/publikationen/ffa_intern/FFA_i
nfo_2_2006.pdf],

letzter Zugriff am 22.12.06

RADERMACHER, W., (2006)

„Bevölkerungsentwicklung in Deutschland bis 2050",
Internet www-Seite unter der URL-Adresse:
[http://www.destatis.de/presse/deutsch/pk/2006/Bevoelkerung-
Statement_Radermacher.pdf],

letzter Zugriff am 22.12.06

RÖMER, C. [a], (2006)

Verlinkung von www.50plus-aktuell.de,

Internet www-Seite unter der URL-Adresse:
[http://www.50plus-aktuell.de],

letzter Zugriff am 22.12.06

RÖMER, C. [b], (2006)

Verlinkung von www.perita.de,

Internet www-Seite unter der URL-Adresse:
[http://www.perita.de],

letzter Zugriff am 22.12.06

SCHMID-BAUMEISTER, E., (2006),

Verlinkung von www.golonglife.de,

Internet www-Seite unter der URL-Adresse:
[http://www.golonglife.de],

letzter Zugriff am 14.11.06

ZARGES, S. [a], (2006)

50plus Hotels Deutschland – Startseite, München,
Internet www-Seite unter der URL-Adresse:
[http://www.50plushotels.de],

letzter Zugriff am 22.12.06

ZARGES, S. [b], (2006)
50plus Hotels Deutschland – Das Gütesiegel, München,
Internet www-Seite unter der URL-Adresse:
[http://www.50plushotels.de/pdf/Informationsmappe.pdf],

letzter Zugriff am 22.12.06

Buchquellen

BÖHLER, H., (2004)

„Marktforschung", 3. völlig neu bearbeitete und erweiterte Auflage, Verlag W. Kohlhammer, Stuttgart

ERNST, E., (2006)

„Goldene Zielgruppen" erschienen in „Wirtschaft – Das IHK-Magazin für München und Oberbayern – 03/2006", Industrie- und Handelskammer für München und Oberbayern, München

GIERETH, T., (2006)

„Age Power 2010 – Erfolgreiches Best Ager-Marketing: Mit strategischer und psychologischer Ausrichtung zur richtigen Kommunikation in gesättigten Märkten", Björn Bedey (Hrsg.), Diplomica GmbH, Hamburg

GILLIG-DEGRAVE, M., (2006)

„Rechtesituation ist nicht akzeptabel" erschienen in „Blickpunkt:Film 38/06", Entertainment Media Verlag GmbH & Co. oHG, Dornach/München

HESSE, J./NEU, M./THEUNER, G., (1997)

Marketing: Grundlagen, Berlin Verlag, Arno Spitz GmbH, Berlin

HÖCHERL, U./SCHUSTER, B., (2006)

„Wieder offensiver Kino machen" erschienen in „Blickpunkt:Film 1+2/06", Entertainment Media Verlag GmbH & Co. oHG, Dornach/München

KAUPP, P., (1997)

„Ältere im Schatten der Werbung?: Eine Literaturstudie zur Seniorendarstellung in der Werbung", Berlin Verlag, Arno Spitz GmbH, Berlin

LANGEN K.M./NEULEN P., (1998)

Duden, Lexikon der Allgemeinbildung, 2. überarbeitete Auflage, Dudenverlag, Mannheim

OPASCHOWSKI, H., (2000)

„Was ist neu an den ‚Neuen Senioren'", erschienen in „Handbuch Senioren-Marketing: Erfolgsstrategien aus der Praxis", Meyer-Hentschel-Management-Consulting (Hrsg.), Deutscher Fachverlag GmbH, Frankfurt am Main

O.V. [2], (2006)

„Zielgruppe junge Alte" erschienen in: „w&v-Compact Nr.3/2006", 3/2006, Europa-Fachpresse-Verlag GmbH - Unternehmensgruppe Süddeutscher Verlag, München mit einem Auszug aus der Studie „Perfect Ager 2010 – Senioren am POS" der BBDO Sales GmbH und dem Institut für Handelsforschung an der Universität zu Köln (IfH)

O.V. [5], (2006)

Der Kinobesucher 2005, Strukturen und Entwicklungen auf Basis des GfK Panels, Filmförderungsanstalt, Berlin

O.V. [13], (2004)

„Bevölkerung: Fakten – Trends – Ursachen – Erwartungen. Die wichtigsten Fragen", Sonderheft der Schriftenreihe des Bundesinstituts für Bevölkerungsforschung, 2. überarbeitete Auflage, Wiesbaden

O.V. [18], (2006)

„Zielgruppe junge Alte" erschienen in: „w&v-Compact Nr.3/2006", Europa-Fachpresse-Verlag GmbH - Unternehmensgruppe Süddeutscher Verlag, München

PFANNENMÜLLER, J., (2006)

„Kalendergirls beim Kaffeekränzchen" erschienen in „w&v Nr. 31/2006", Europa-Fachpresse-Verlag GmbH, ein Verlag der Unternehmensgruppe Süddeutscher Verlag, München

SCHMIEDL, C., (2005),

„Kinomarktforschung in Deutschland: Möglichkeiten und Grenzen: Deskription und Evaluation ausgewählter Verfahren", dissertation.de – Verlag im Internet GmbH, Berlin

SCHUSTER, B., (2006)

„Sommermärchen nur ein Kinotraum?" erschienen in „Blickpunkt:Film 37/06", Entertainment Media Verlag GmbH & Co. oHG, Dornach/München

STADIK, M., (2006)

„Voreilige Nachrufe" erschienen in „w&v Nr. 14/2006", Europa-Fachpresse-Verlag GmbH, ein Verlag der Unternehmensgruppe Süddeutscher Verlag, München

STEIGER, T. [a], (2006)

„Phase der Ernüchterung" erschienen in „Blickpunkt:Film 7/06", Entertainment Media Verlag GmbH & Co. oHG, Dornach/München

STEIGER, T. [b], (2006)

„Wir brauchen neue Erkenntnisse" erschienen in „Blickpunkt:Film 44/06", Entertainment Media Verlag GmbH & Co. oHG, Dornach/München

ZIMMERMANN, S., (2006)

„Mehr Filme, weniger Besucher" erschienen in „Blickpunkt:Film 12/06", Entertainment Media Verlag GmbH & Co. oHG, Dornach/München

ANHANG

Anhang 1 - Anhang 11:

Screen-Shots der Internet-Befragung[108]

Anhang 1: Startseite www.kino-umfrage.de[109]

[108] Quelle: Eigene Erstellung unter der URL http://www.kino-umfrage.de.

[109] Kaschura, M. [a], 2006, http://kino-umfrage.de/index.php5, o. S.

Anhang 2: Frage 1 und Frage 2[110]

Anhang 3: Frage 3 und Frage 4[111]

---

[110] Kaschura, M. [b], 2006, http://kino-umfrage.de/umf1.php5, o. S.

[111] Kaschura, M. [c], 2006, http://kino-umfrage.de/umf2.php5, o. S.

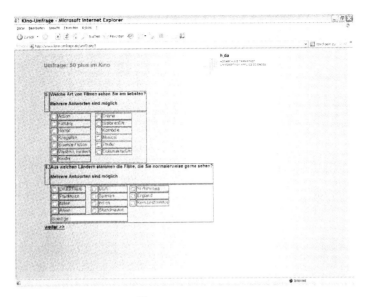

Anhang 4: Frage 5 und Frage 6[112]

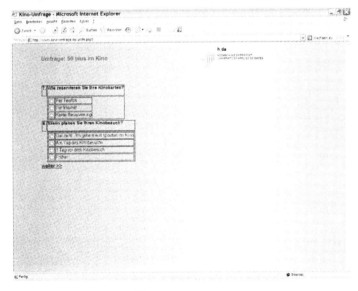

Anhang 5: Frage 7 und Frage 8[113]

---

[112] Kaschura, M. [d], 2006, http://kino-umfrage.de/umf3.php5, o. S.

[113] Kaschura, M. [e], 2006, http://kino-umfrage.de/umf4.php5, o. S.

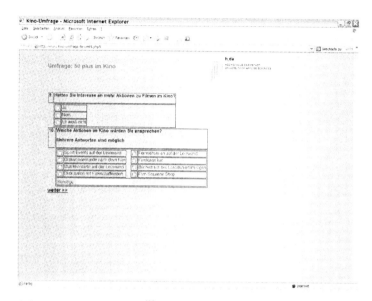

Anhang 6: Frage 9 und Frage 10[114]

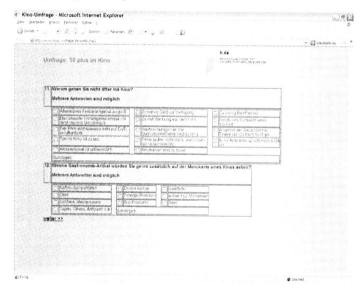

Anhang 7: Frage 11 und Frage 12[115]

---

[114] Kaschura, M. [f], 2006, http://kino-umfrage.de/umf5.php5, o. S.

[115] Kaschura, M. [g], 2006, http://kino-umfrage.de/umf6.php5, o. S.

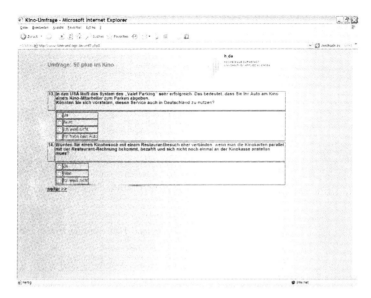

Anhang 8: Frage 13 und Frage 14[116]

Anhang 9: Frage 15[117]

[116] Kaschura, M. [h], 2006, http://kino-umfrage.de/umf7.php5, o. S.

[117] Kaschura, M. [i], 2006, http://kino-umfrage.de/umf8.php5, o. S.

Anhang 10: Gewinnspielteilnahme[118]

Anhang 11: Danksagung[119]

---

[118] Kaschura, M. [j], 2006, http://kino-umfrage.de/umf9.php5, o. S.

[119] Kaschura, M. [k], 2006, http://kino-umfrage.de/landeseite.php5, o. S.

Anhang 12 – Anhang 18:

Übersicht über die Verlinkungen auf Internet-Seiten der Zielgruppe 50 plus

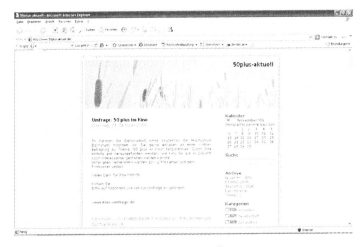

Anhang 12: Verlinkung von www.50plus-aktuell.de[120]

---

[120] Römer, C. [b], 2006, http://www.50plus-aktuell.de, o. S.

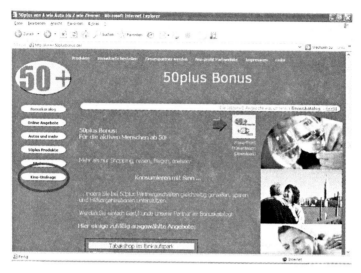

Anhang 13: Verlinkung von www.50plusbonus.de[121]

Anhang 14: Verlinkung von www.feierabend.de[122]

[121] Eifländer, B., 2006, http://www.50plusbonus.de, o. S.

[122] Kaschura, M. [I], 2006, http://www.feierabend.com/cgi-bin/bbs/bbs.pl?todo
=show_message&node_pk=680872&page=1&bbs_categorie_pk=60, o. S.

Anhang 15: Verlinkung von www.golonglife.de[123]

---

[123] Schmid-Baumeister, E., 2006, http://www.golonglife.de, o. S.

Hallo liebes Mitglied . . .

heute wollen wir Sie wieder über Neuigkeiten bei Lebensfreude50.de informieren.

Und das sind unsere Themen:

1. Erfolgreicher Start von Lebensfreude50.de
2. Nur Mut – Mit Profil und Foto werden Sie gefunden
3. Reiseangebot: Ski- u. Schneewandern im tschechischen Isergebirge
4. Umfrage "Generation 50plus im Kino"

1. Erfolgreicher Start von Lebensfreude50.de
Ein großes DankeSchön an Sie liebes Mitglied, dass Sie beim erfolgreichen Start von Lebensfreude50.de im Oktober dabei waren.

Wir freuen uns sehr, dass Sie bei unserer kostenlosen Start-Aktion mitmachen und hoffentlich auch weiterhin dabei bleiben. Wir wissen Ihr Vertrauen sehr zu schätzen. Mit stetig wachsenden Mitgliederzahlen und interessanten Themenberichten möchten wir Lebensfreude50.de auch zukünftig für Sie interessant gestalten und zu einer Perle im Internet werden lassen.

2. Nur Mut – Mit Profil und Foto werden Sie gefunden
Seien Sie mutig und machen Sie andere Menschen bei Lebensfreude50.de auf sich aufmerksam. Sie werden mit Sicherheit gefunden, wenn Sie ein Profil anlegen und ein schönes Foto von sich einstellen. So einfach wird es gemacht.

>>So erstellen Sie Ihr Profil<<

>>So stellen Sie ein Foto ein<<

Benötigen Sie weitere Hilfe? – Kein Problem!
Schreiben Sie uns einfach eine Email an support@lebensfreude50.de
Wir helfen Ihnen gerne weiter. Wenn Sie möchten, können Sie uns auch ein Foto zuschicken und wir stellen es für Sie ein.

3. Thema der Woche: Ski- und Schneewandern im tschechischen Isergebirge
Gemeinsam mit unserem neuen Kooperationspartner "Nordlicht Extra Tours" präsentieren wir Ihnen diese Reise ins tschechische Isergebirge.

>>Schauen Sie doch mal rein<<

4. Umfrage "Generation 50plus im Kino"
Wir unterstützen die Diplomarbeit eines Studenten der Universität Darmstadt. Dabei geht es um eine Umfrage zum Thema "Generation 50plus im Kino". Machen Sie doch einfach mit. Es geht ganz schnell und ist sogar noch interessant. Unter allen Teilnehmern werden übrigens mehrere Freikarten verlost.

>>Hier geht's zur Kino-Umfrage<<

Wir wünschen Ihnen noch viel Spaß und Erfolg mit Lebensfreude50.de. Und denken Sie daran: Wir haben immer ein offenes Ohr! Schreiben Sie uns einfach eine Mail: support@lebensfreude50.de

Ihr Lebensfreude50-Team

Anhang 16: Newsletter von www.lebensfreude50.de[124]

---

[124] Janotta, U. [a], 2006, o. S.

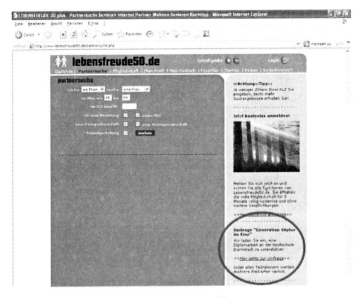

Anhang 17: Verlinkung von www.lebensfreude50.de[125]

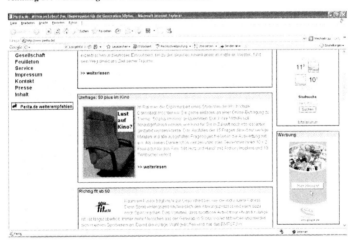

Anhang 18: Verlinkung von www.perita.de[126]

---

[125] Janotta, U. [b], 2006, http://www.lebensfreude50.de/partnersuche.php, o. S.

[126] Römer, C. [a], 2006, http://www.perita.de, o. S.

Anhang 19 – Anhang 20:

Verlosungspreise

Anhang 19: 10 x 2 Freikarten[127]

Anhang 20: 10 Filmbücher[128]

---

[127] Quelle: Fotographie von Michael Kaschura.

[128] Quelle: Ebenda.

Anhang 21 – Anhang 22:

Verteilung nach Alter

Teilnehmeranzahl: 284

Durchschnittsalter: 56,32 Jahre

Alter	Anzahl		Alter	Anzahl
50	36		66	6
51	25		67	2
52	25		68	1
53	27		69	1
54	23		70	3
55	15		71	2
56	19		72	2
57	23		73	3
58	17		74	1
59	15		75	1
60	13		76	1
61	4		77	1
62	8		78	0
63	5		79	0
64	1		80	0
65	2		81	2

Anhang 21: Verteilung nach Alter in tabellarischer Form[129]

---

[129] Quelle: Eigene Erstellung.

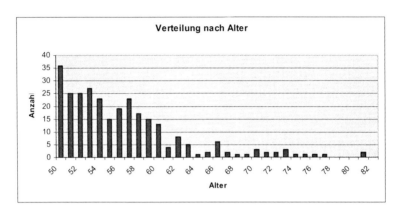

Anhang 22: Verteilung nach Alter in graphischer Form[130]

---

[130] Quelle: Ebenda.

Anhang 23:

Verteilung nach Geschlecht

Frauen:

Anzahl: 150

Prozent: 52,82 %

Männer:

Anzahl: 134

Prozent: 47,18 %

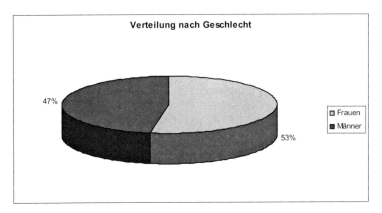

Anhang 23: Verteilung nach Geschlecht in graphischer Form[131]

---

[131] Quelle: Ebenda.

Anhang 24:

<u>**Frage 1: Wie oft gehen Sie im Jahr ins Kino?**</u>

a) 7 x und mehr:

Anzahl: 60

Prozent: 21,13 %

b) 3 – 6 x:

Anzahl: 72

Prozent: 25,35 %

c) 1 – 2 x:

Anzahl: 69

Prozent: 24,30 %

d) Seltener:

Anzahl: 83

Prozent: 29,23 %

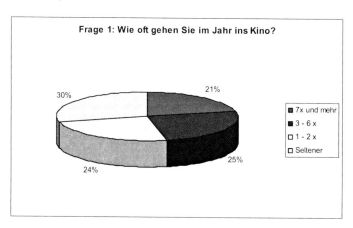

Anhang 24: Frage 1 in graphischer Form[132]

---

[132] Quelle: Ebenda.

Anhang 25:

Frage 2: Gehen Sie heute öfter ins Kino als vor 1 - 2 Jahren?

a) Ja:

Anzahl: 36

Prozent: 12,68 %

b) Nein:

Anzahl: 150

Prozent: 52,82 %

c) Unverändert:

Anzahl: 98

Prozent: 34,51 %

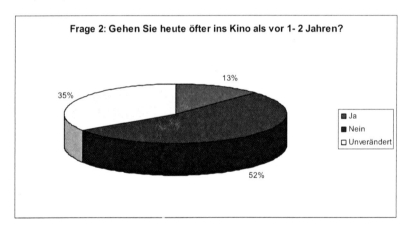

Anhang 25: Frage 2 in graphischer Form[133]

---

[133] Quelle: Ebenda.

Frage 3: Mit welchen Tätigkeiten verbringen Sie am liebsten Ihre Freizeit?

Mehrfachnennungen waren möglich

Tätigkeiten	Anzahl	Prozent
Lesen	173	60,92 %
Treffen mit Freunden	145	51,06 %
Fernsehen	143	50,35 %
Reisen	141	49,65 %
Essen gehen	126	44,37 %
Internet	120	42,25 %
Musik	113	39,79 %
Gartenarbeit	111	39,08 %
Sport	107	37,68 %
Tagesausflüge	85	29,93 %
am Computer arbeiten	76	26,76 %
Theater	74	26,06 %
Konzerte	73	25,70 %
Kino	64	22,54 %
Kreative Hobbies	50	17,61 %
Heimwerken	44	15,49 %
Museum	43	15,14 %
Computer Spielen	38	13,38 %
Fortbildung	37	13,03 %
Chat	16	5,63 %
Sonstige	13	4,58 %

Anhang 26: Frage 3 in tabellarischer Form[134]

---

[134] Quelle: Ebenda.

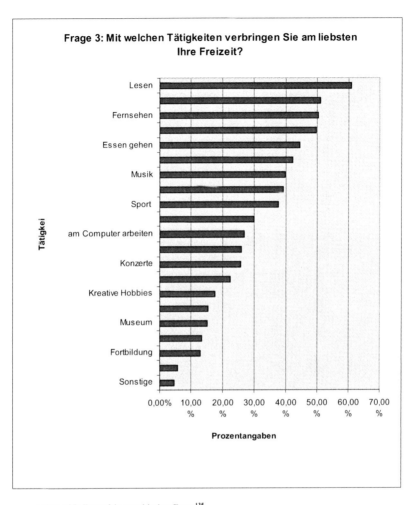

Frage 3: Mit welchen Tätigkeiten verbringen Sie am liebsten Ihre Freizeit?

Anhang 27: Frage 3 in graphischer Form[135]

---

[135] Quelle: Ebenda.

Frage 4: Wie informieren Sie sich über zukünftige Kinofilme?

Mehrfachnennungen waren möglich

Art der Information	Anzahl	Prozent
Empfehlung eines Bekannten	164	57,75 %
Tageszeitung	140	49,30 %
Fernsehen	97	34,15 %
Internet	91	32,04 %
Zeitschriften	77	27,11 %
Filmvorschau/Trailer im Kino	76	26,76 %
Radio	68	23,94 %
Außenwerbung	51	17,96 %
Fernseh-Programmzeitschriften	46	16,20 %
Kostenloses Kinoprogrammheft	44	15,49 %
Plakate/Dekoration im Kino	43	15,14 %
Sonstiges	5	1,76 %

Anhang 28: Frage 4 in tabellarischer Form[136]

---

[136] Quelle: Ebenda.

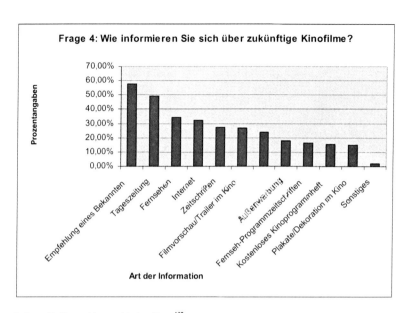

Frage 4: Wie informieren Sie sich über zukünftige Kinofilme?

Anhang 29: Frage 4 in graphischer Form[137]

---

[137] Quelle: Ebenda.

Anhang 30 – Anhang 31:

Frage 5: Welche Art von Filmen sehen Sie am liebsten?

Mehrfachnennungen waren möglich

Art der Filme	Anzahl	Prozent
Komödie	164	57,75 %
Dokumentation	139	48,94 %
Drama	117	41,20 %
Historienfilm	117	41,20 %
Thriller	107	37,68 %
Action	64	22,54 %
Fantasy	46	16,20 %
Musical	46	16,20 %
Science-Fiction	42	14,79 %
Western, Eastern	26	9,15 %
Kriegsfilm	22	7,75 %
Horror	14	4,93 %
Kinder	8	2,82 %

Anhang 30: Frage 5 in tabellarischer Form[138]

[138] Quelle: Ebenda.

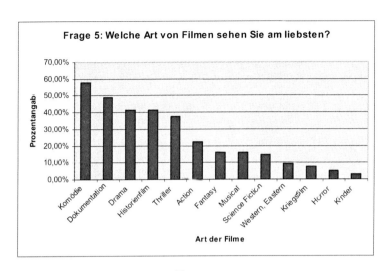

Anhang 31: Frage 5 in graphischer Form[139]

---

[139] Quelle: Ebenda.

Frage 6: Aus welchen Ländern stammen die Filme, die Sie normalerweise gerne sehen?

Mehrfachnennungen waren möglich

Land	Anzahl	Prozent
Deutschland	187	65,85 %
USA	162	57,04 %
Frankreich	97	34,15 %
England	75	26,41 %
Kein Bestimmtes	71	25,00 %
Italien	50	17,61 %
Skandinavien	44	15,49 %
Spanien	30	10,56 %
Südamerika	16	5,63 %
Asien	16	5,63 %
Indien	9	3,17 %
Sonstige	1	0,35 %

Anhang 32: Frage 6 in tabellarischer Form[140]

---

[140] Quelle: Ebenda.

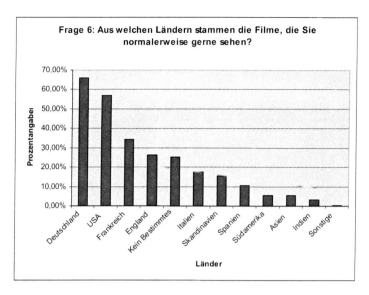

Frage 6: Aus welchen Ländern stammen die Filme, die Sie normalerweise gerne sehen?

Anhang 33: Frage 6 in graphischer Form[141]

Anhang 34:

<u>**Frage 7: Wie reservieren Sie Ihre Kinokarten?**</u>

a) Per Telefon:

Anzahl: 57

Prozent: 20,07 %

b) Per Internet:

Anzahl: 41

Prozent: 14,44 %

c) Keine Reservierung:

Anzahl: 186

Prozent: 65,49 %

---

[141] Quelle: Ebenda.

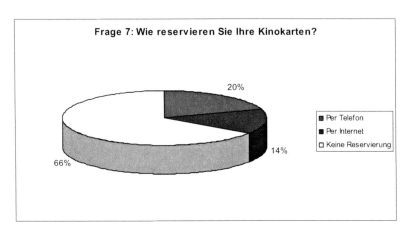

Anhang 34: Frage 7 in graphischer Form[142]

---

[142] Quelle: Ebenda.

Anhang 35:

Frage 8: Wann planen Sie Ihren Kinobesuch?

a) Gar Nicht – Ich gehe meist spontan ins Kino

Anzahl: 104

Prozent: 36,62 %

b) Am Tag des Kinobesuchs

Anzahl: 73

Prozent: 25,70 %

c) 1 Tag vor dem Kinobesuch

Anzahl: 39

Prozent: 13,73 %

d) Früher

Anzahl: 68

Prozent: 23,94 %

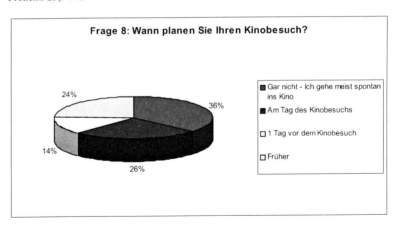

Anhang 35: Frage 8 in graphischer Form[143]

---

[143] Quelle: Ebenda.

Anhang 36:

Frage 9: Hätten Sie Interesse an mehr Aktionen zu Filmen im Kino?

a) Ja

Anzahl: 79

Prozent: 27,82 %

b) Nein

Anzahl: 117

Prozent: 41,20 %

c) Ich weiß nicht

Anzahl: 88

Prozent: 30,99 %

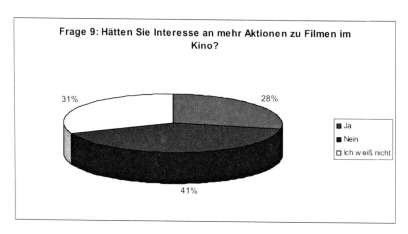

Anhang 36: Frage 9 in graphischer Form[144]

---

[144] Quelle: Ebenda.

Frage 10: Welche Aktionen im Kino würden Sie ansprechen?

Mehrfachnennungen waren möglich

Aktionen	Anzahl	Prozent
Filmklassiker	142	50,00 %
Büchertisch bei Literaturverfilmungen	85	29,93 %
Diskussionsrunde nach dem Film	81	28,52 %
Diskussion mit Filmschaffenden	81	28,52 %
Musikkonzerte auf der Leinwand	42	14,79 %
Film-Souvenir-Shop	28	9,86 %
Sonstiges	22	7,75 %
Sport-Events auf der Leinwand	20	7,04 %
Fernsehserien auf der Leinwand	8	2,82 %

Anhang 37: Frage 10 in tabellarischer Form[145]

---

[145] Quelle: Ebenda.

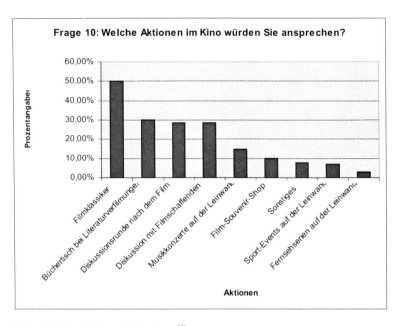

Anhang 38: Frage 10 in graphischer Form[146]

---

[146] Quelle: Ebenda.

Anhang 39 – Anhang 40:

Frage 11: Warum gehen Sie nicht öfter ins Kino?

Mehrfachnennungen waren möglich

Gründe	Anzahl	Prozent
Alternatives Freizeitangebot zu groß	120	42,25 %
Das aktuelle Filmangebot entspricht nicht meinem Geschmack	96	33,80 %
Kinokarten sind zu teuer	88	30,99 %
Zu viel Werbung vor dem Film	65	22,89 %
Filme laufen nicht mehr, wenn man sie sehen möchte	54	19,01 %
Der Film wird sowieso bald auf DVD veröffentlicht	51	17,96 %
Restliches Publikum wirkt störend	42	14,79 %
Ton im Kino ist zu laut	36	12,68 %
Kino-Ambiente spricht mich nicht an	35	12,32 %
Sonstiges	33	11,62 %
Zu wenig Geld zur Verfügung	28	9,86 %
zu wenig Beinfreiheit	20	7,04 %
Angebot der Gastronomie-Theke spricht mich nicht an	19	6,69 %
Kinopersonal ist unfreundlich	10	3,52 %
Warteschlangen an der Gastronomie-Theke sind zu lang	9	3,17 %

Anhang 39: Frage 11 in tabellarischer Form[147]

---

[147] Quelle: Ebenda.

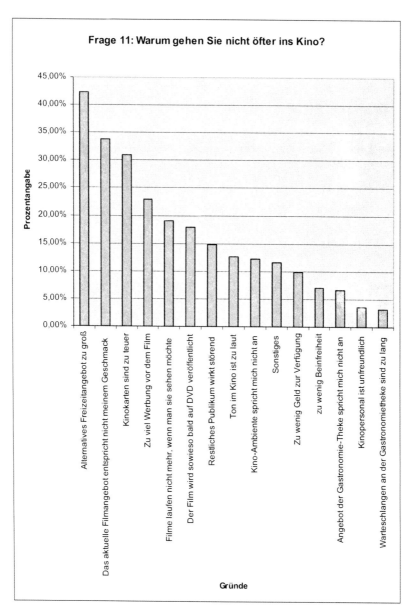

Frage 11: Warum gehen Sie nicht öfter ins Kino?

Anhang 40: Frage 11 in graphischer Form[148]

---

[148] Quelle: Ebenda.

Frage 12: Welche Gastronomie-Artikel würden Sie gerne zusätzlich auf der Menükarte eines Kinos sehen?

Mehrfachnennungen waren möglich

Artikel	Anzahl	Prozent
Kaffeespezialitäten	98	34,51 %
Sonstige	71	25,00 %
Tapas, Oliven, Antipasti o.ä.	47	16,55 %
Belegte Brötchen	44	15,49 %
Größere Weinauswahl	38	13,38 %
Sekt	34	11,97 %
Bio-Produkte	31	10,92 %
Salatteller	30	10,56 %
Obst	30	10,56 %
vollwertige Mahlzeiten	16	5,63 %
Dinkel-Kekse	12	4,23 %

Anhang 41: Frage 12 in tabellarischer Form[149]

---

[149] Quelle: Ebenda.

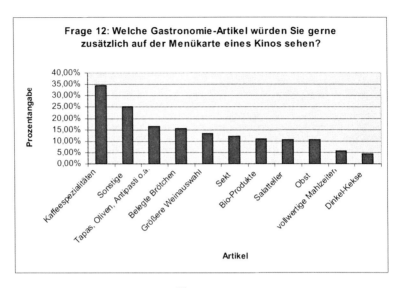

Anhang 42: Frage 12 in graphischer Form[150]

---

[150] Quelle: Ebenda.

Anhang 43:

Frage 13: In den USA läuft das System des „Valet Parking" sehr erfolgreich. Das bedeutet, dass Sie Ihr Auto am Kino einem Kino-Mitarbeiter zum Parken abgeben. Könnten Sie sich vorstellen, diesen Service auch in Deutschland zu nutzen?

a) Ja

Anzahl: 87

Prozent: 30,63 %

b) Nein

Anzahl: 141

Prozent: 49,65 %

c) Ich weiß nicht

Anzahl: 22

Prozent: 7,75 %

d) Ich habe kein Auto

Anzahl: 34

Prozent: 11,97 %

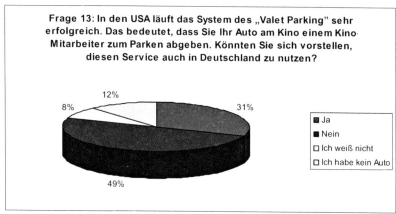

Anhang 43: Frage 13 in graphischer Form[151]

[151] Quelle: Ebenda.

Anhang 44:

Frage 14: Würden Sie einen Kinobesuch mit einem Restaurantbesuch eher verbinden, wenn man die Kinokarten parallel mit der Restaurant-Rechnung bekommt, bezahlt und sich nicht noch einmal an der Kinokasse anstellen muss?

a) Ja

Anzahl: 93

Prozent: 32,75 %

b) Nein

Anzahl: 143

Prozent: 50,35 %

c) Ich weiß nicht

Anzahl: 48

Prozent: 16,90 %

Frage 14: Würden Sie einen Kinobesuch mit einem Restaurantbesuch eher verbinden, wenn man die Kinokarten parallel mit der Restaurant-Rechnung bekommt, bezahlt und sich nicht noch einmal an der Kinokasse anstellen muss?

17%

33%

50%

Ja
Nein
Ich weiß nicht

Anhang 44: Frage 14 in graphischer Form[152]

---

[152] Quelle: Ebenda.

Frage 15: Was würde Sie dazu bewegen öfter ins Kino zu gehen?

Mehrfachnennungen waren möglich

Gründe	Anzahl	Prozent
Besseres Filmangebot	136	47,89 %
Günstigere Kinokarten	130	45,77 %
Weniger Werbung vor dem Film	108	38,03 %
Schöneres Ambiente im Kino	75	26,41 %
Wenn man die Kinokarten schon vorher im Internet kaufen und ausdrucken kann	72	25,35 %
Bessere Informationen über zukünftige Kinofilme	66	23,24 %
Längere Laufzeiten der Filme	60	21,13 %
Bonuskartensystem	56	19,72 %
Größeres Filmangebot	38	13,38 %
Zusätzliche Informationsveranstaltungen	27	9,51 %
Mehr Aktionen zu den Filmen im Kino	19	6,69 %
Freundlicheres Kinopersonal	16	5,63 %
Sonstiges	16	5,63 %

Anhang 45: Frage 15 in tabellarischer Form[153]

---

[153] Quelle: Ebenda.

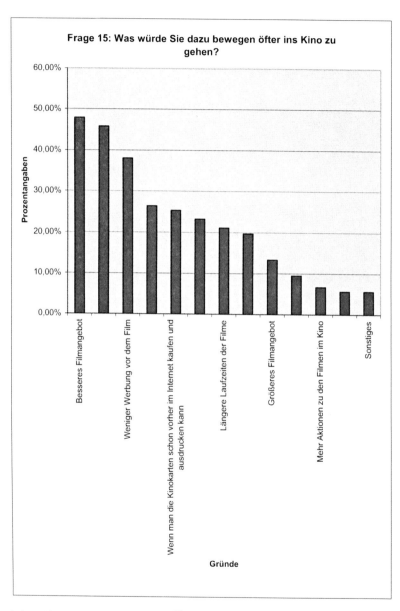

Frage 15: Was würde Sie dazu bewegen öfter ins Kino zu gehen?

Anhang 46: Frage 15 in graphischer Form[154]

[154] Quelle: Ebenda.

Rafael Grieger

Das Informationsverhalten der Best Ager

Eine empirische Studie am Beispiel der
Unterhaltungselektronik

Diplomica 2008 / 140 Seiten / 49,50 Euro

ISBN 978-3-8366-0840-4

EAN 9783836608404

„Erstmal mach ich mich schlau... überwiegend im Internet. Ja. Erstmal Stiftung Warentest im Internet. Früher hab ich sie mir gekauft. Heute brauch ich sie nicht mehr. Und wenn ich wirklich beabsichtige, mir ein Produkt zu kaufen, dann drucke ich mir die Testberichte auch aus. Die muss ich dann bezahlen, aber da hab ich mir ein Konto anlegt. Und wenn es wirklich wichtig ist, dann ziehe ich es mir auch runter und druck es aus. Das ist also der erste Schritt."

Dieser Kommentar entstammt aus einer qualitativen Vorstudie, die im Rahmen des vorliegenden Buchs durchgeführt wurde. Die Probandin sollte in diesem Zusammenhang beschreiben, wie sie ihre Informationssuche beim Kauf eines Fernsehers gestaltet. Die Antwort erscheint auf den ersten Blick nicht ungewöhnlich, bedenkt man aber, dass es sich bei der Probandin um eine Seniorin von 64 Jahren handelt, dann wirft die Aussage interessante Fragestellungen auf.

Ziel des Buchs ist die empirische Untersuchung des senioralen Informations- suchverhaltens und dessen Einflussfaktoren beim Kauf von Unterhaltungselektronik. Dabei gilt es für das Informationssuchverhalten herauszufinden, inwieweit die Intensität der Suche, die Nutzung unterschiedlicher Quellen sowie die Bedeutung einzelner Produktmerkmale innerhalb der Generation 60plus variieren. Des Weiteren will die vorliegende Untersuchung ein Modell entwickeln und prüfen, in dem unterschiedliche Einflussfaktoren auf die Informationssuche von Senioren einwirken. Die so generierten Ergebnisse sollen schließlich in theoretischer sowie praxisorientierter Hinsicht besprochen werden und Hinweise auf eine zielgruppen-spezifische Ausgestaltung der Marketingmaßnahmen im Elektrofachhandel geben.

Jan Winkler

Konsumverhalten von Senioren

Unterschiede zwischen den alten und neuen Bundesländern

Diplomica 2008 / 88 Seiten / 29,50 Euro

ISBN 978-3-8366-0985-2

EAN 9783836609852

Der demographische Wandel wird in der nächsten Generation dazu führen, dass mehr als 40% der Konsumausgaben von über 60-jährigen getätigt werden. Die Zielgruppe „Senioren" rückt damit zunehmend in den Fokus der Marketingforschung. Die vorliegende Studie gibt einen Überblick über das Konsumverhalten von Senioren.

Anhand von welchen Kriterien treffen die „Best Ager" ihre Kaufentscheidung? Welche Rolle spielen Marke, Preis, Qualität? Welche Bedeutung besitzt „Nachhaltigkeit" bei der Auswahl von Produkten? Welche Informationskanäle nutzen sie und welche Einstellung haben sie gegenüber der Werbung? Außerdem widmet sich die Untersuchung der Analyse von konsumspezifischen Unterschieden im Konsumverhalten der Generation 60plus in den neuen und alten Bundesländern. Gibt es überhaupt einen einheitlichen „Seniorenmarkt"? Oder lassen sich signifikante Unterschiede zwischen dem Osten und Westen Deutschlands ausmachen, die eine Untersegmentierung erforderlich machen? Welchen Einfluss haben andere demographische Einflussfaktoren, wie etwa Geschlecht, Einkommen, Bildung oder die Sozialisation der Probanden?

Diese Fragen werden empirisch untersucht. Die Ergebnisse ermöglichen eine differenziertere und zielgruppenspezifischere Ausrichtung der Marketingaktivitäten. Und sie belegen, dass 17 Jahre nach der Wiedervereinigung noch immer deutliche Unterschiede im Konsumverhalten älterer Konsumenten in Ost und West bestehen.

Timo Mayer

Online-Kommunikation mit Best Agern im

Rahmen des Seniorenmarketings

Anforderungen und strategische Ausrichtung

Diplomica 2008 / 124 Seiten / 39,50 Euro

ISBN 978-3-8366-5994-9

EAN 9783836659949

Die Auswirkungen und Folgen der demographischen Entwicklung sind bereits länger Thema in unserer Gesellschaft. Das Verhältnis der Altersgruppen wird sich zukünftig weiter zu Gunsten der älteren Bevölkerung verschieben. Findige Marketingexperten beschwören eine neue, potentielle Zielgruppe herauf, die so genannte 50plus Generation. Aus Unternehmenssicht bietet sich das Internet als zusätzlicher und kostengünstiger Kommunikationskanal an. Ferner um Kontakte zu knüpfen, dauerhaft zu kommunizieren und langfristig solide Geschäftsbeziehungen aufzubauen.

Der raschen Verbreitung des Internets in unserem Alltagsleben können sich auch die über 50-Jährigen nicht verschließen, die häufig erstmals in der späten Lebensphase mit dieser technologischen Entwicklung zu tun haben. Vorurteile, fehlende Erfahrung und die mangelnde Fähigkeit mit dem Internet richtig umzugehen erschweren die Nutzung. Folglich ist es im Rahmen einer erfolgsorientierten Ansprache aus Unternehmenssicht unerlässlich, sich ausgiebig mit der Zielgruppe der 50plus auseinander zu setzen um ihnen die Handhabung zu erleichtern oder besser, den persönlichen Nutzen aufzuzeigen.

Diese Studie setzt sich das Ziel allgemeine, zielgerichtete Ansätze und Handlungsempfehlungen im Rahmen der Online-Kommunikation im Umgang mit der Zielgruppe zu entwickeln. Analysiert und von elementarer Grundlage sind u.a. die altersbedingten Veränderungen und Charakteristiken der Zielgruppe, das Informationsbeschaffungs- und Internetnutzungsverhalten sowie Hemmnisse und Schwierigkeiten die sich beim Umgang mit dem Internet ergeben können.

Yvonne Senf

Best Ager als Best Targets?

Betrachtung der Zielgruppe 50plus für das
Marketing

Diplomica 2008 / 112 Seiten / 39,50 Euro

ISBN 978-3-8366-6218-5

EAN 9783836662185

Vor dem Hintergrund gesättigter Märkte und der zunehmenden Austauschbarkeit von Produkten wird es für Unternehmen immer bedeutsamer, sich signifikante Wettbewerbsvorteile gegenüber ihren Mitbewerbern zu sichern. Es gilt, neue und zukunftsträchtige Märkte zu erschließen und sich in diesen zu etablieren.

Wie kaum ein anderer Bereich rückt dabei das Thema „Altern" in den Brennpunkt des öffentlichen Interesses. Auf Grund der sinkenden Geburtenrate und der steigenden Lebenserwartung zeichnet sich in Deutschland und anderen Industrienationen ein demographischer Wandel ab: die industrielle Gesellschaft altert. Ein Ergebnis dessen ist das Herauskristallisieren einer völlig „neuartigen" Zielgruppe, denn der besagte demographische Wandel bringt vor allem eine aufsteigende Menge an älteren Menschen im „besten Alter" mit sich.

Man prognostiziert, dass sich diese zur wichtigsten Käufergruppe der Zukunft entwickeln werden. Aber was ist wirklich dran an dem zunehmenden Interesse um eine Zielgruppe, die noch nicht einmal eine einheitliche Begriffsdefinition besitzt? Ältere Menschen gab es auch schon vor 30 Jahren, wenngleich ihr prozentualer Anteil an der Gesamtbevölkerung sicherlich geringer war. Dennoch sollte man sich die Frage stellen, ob es Sinn macht und zeitgemäß ist, eine Segmentierung nach lediglich einem Merkmal, dem Alter, vorzunehmen. Und sind die Best Ager hinsichtlich marketingpolitischer Entscheidungen tatsächlich auch die Best Targets?